BURT FRANKLIN: RESEARCH & SOURCE WORKS SERIES
Selected Studies in History, Economics and Social Science:
n.s. 29 (b)

L'IDÉE DU JUSTE PRIX

CHEZ

LES THÉOLOGIENS ET CANONISTES

DU MOYEN AGE

L'IDEE DU JUSTE PRIX

CHEZ

LES THÉOLOGIENS ET CANONISTES

DU MOYEN AGE

PAR

Henri GARNIER

BURT FRANKLIN
New York, N. Y.

Published by LENOX HILL Pub. & Dist. Co. (Burt Franklin)
235 East 44th St., New York, N.Y. 10017
Reprinted: 1973
Printed in the U.S.A.

Burt Franklin: Research and Source Works Series
Selected Studies in History, Economics and Social Science: n.s. 29 (b)

Reprinted from the original edition in the Columbia University Library.

Library of Congress Cataloging in Publication Data

Garnier, Henri, docteur en droit.
L'idée du juste prix chez les théologiens et canonistes du Moyen Age.

Reprint of the 1900 ed.
Thèse—Paris.
1. Prices—History. 2. Christianity and economics. I. Title.
HB221.G294 1973 338.5'2 79-122228
ISBN 0-8337-1286-1

DE L'IDÉE DU JUSTE PRIX

CHEZ LES THÉOLOGIENS ET CANONISTES DU MOYEN AGE

INTRODUCTION

La théorie du juste prix fut, avec la théorie relative au prêt et à l'usure, une des questions qui passionnèrent le plus les Universités et les docteurs du Moyen Age. Faire respecter les règles de l'équité dans les conventions humaines, était l'idéal auquel aspiraient les philosophes et les théologiens du Moyen Age, comme y avaient aspiré avant eux quelques-uns des grands penseurs de l'antiquité. S'il se trouvait un domaine où les lois de l'équité eussent parfois à souffrir, c'était bien celui des achats et des ventes, celui des transactions commerciales. Ici, alors comme en tout temps, l'attrait du gain, l'amour de la richesse, enlevaient souvent aux vendeurs comme aux acheteurs, la saine appréciation de la valeur des choses, et les entraînaient en dehors des limites des prétentions raisonnables. Le gain immodéré, voilà ce qu'il fallait proscrire, en contraignant les contractants à se tenir au *juste prix* : ce juste prix devait correspondre à la valeur réelle des choses et si les parties y demeuraient fidèles, elles devaient, le contrat passé, se trouver l'une en face de l'autre dans une situation d'égalité.

Cette doctrine s'inspirait d'une idée de haute morale, aussi ne serons-nous pas surpris de la rencontrer en germe dans l'antiquité avec Platon et Aristote.

Platon qui veut le triomphe de la justice, et rêve de l'imposer par l'autorité de la loi, flétrit « ceux qui ne voulant se contenter d'un gain modeste, aspirent à des profits sans mesure » et il voudrait que les gardiens des lois s'assemblassent pour déterminer « le prix raisonnable » (1).

Aristote, parlant dans sa *Morale à Nicomaque* de la justice commutative, cette règle essentielle qui doit maintenir l'équilibre entre les citoyens d'un même État, déclare : « Que cette espèce de justice est le lien même de la société » (2).

Les philosophes et les penseurs de l'ancienne Rome ne nous ont rien laissé qui eût trait à cette doctrine. Simplement dans la législation, on relève au Code, une disposition relative à la rescision en matière de vente lorsque le contrat a été passé : *minus dimidiâ justi pretii* (3).

Les docteurs du Moyen Age devaient faire revivre et

(1) Platon, *Les Lois*, liv. XI. Trad. V. Cousin, t. VIII.

(2) Aristote, *Morale à Nicomaque*, liv. V, chap. V. Trad. Barthélemy St-Hilaire.

(3) Code, IV, 44. *Lois*, 248. *De resc. vend.*

développer cette doctrine en lui donnant une force nouvelle.

Dans les enseignements des Universités comme dans les proclamations des conciles, une préoccupation domine souvent toutes les autres, c'est le souci d'indiquer au chrétien la règle de conduite qu'il doit suivre : une des principales est sans doute d'être juste, d'observer la justice dans les rapports avec le prochain.

La théorie du juste prix dans les contrats est née de cette préoccupation morale. Voilà pourquoi nous la rencontrons, soit sous forme de principes, soit dans ses applications au milieu des travaux des conciles et dans l'œuvre des canonistes et des théologiens.

Ces travaux, cette œuvre, sont considérables, nous ne les étudierons pas en entier. Gratien et les glossateurs qui précédèrent le XIIIe siècle s'occupèrent déjà de la question, mais à ce moment, la théorie n'est pas véritablement formée.

Pour rencontrer une étude complète de la question, il faut arriver à Raymond de Pennafort et à Albert le Grand, et à partir de cette époque il y eut des œuvres d'une grande portée sur ce sujet.

Nous négligerons donc la période antérieure à la rédaction des *Décrétales* de Grégoire IX, et c'est à partir de cet événement que nous étudierons la théorie du juste prix chez les théologiens et canonistes du Moyen Age.

CHAPITRE PREMIER

SOURCES PREMIÈRES DE LA THÉORIE.

§ 1. — Platon et l'École d'Alexandrie. — Aristote.

Avant de commencer l'étude de la théorie du juste prix au Moyen Age, il est nécessaire de jeter un coup d'œil sur les ouvrages des auteurs de l'antiquité, qui ont des rapports plus ou moins étroits avec ce sujet.

Au premier rang, nous trouvons Platon et Aristote, qui ont été en quelque sorte les précurseurs en cette matière des docteurs du Moyen Age.

Dans sa *République*, Platon a voulu réaliser l'État idéal, l'État institué pour faire le bonheur des citoyens. Le bonheur consiste dans la pratique de la vertu, le premier but que l'État devra poursuivre sera donc de faire régner la vertu par le triomphe de la justice. Ce règne de la vertu, ce triomphe de la justice, Platon ne se le dissimule pas, arriveront difficilement par la conversion spontanée des individus, et voilà pourquoi il a recours à la force des lois, elles seront les auxiliaires du bien et le moyen d'améliorer les institutions et les mœurs.

La cause, suivant Platon, de l'apparition de l'injustice, c'est l'égoïsme de l'homme, l'homme fuit la peine et recherche les jouissances, jouissances sous toutes leurs formes : recherche des plaisirs, amour du luxe et des richesses, et dans cette poursuite immodérée du bonheur, peu lui importe de froisser les intérêts de ses semblables, le malheur des uns ne fait-il pas le bonheur des autres ? Et c'est ainsi que par égoïsme, l'homme arrive à fouler aux pieds les droits et les légitimes aspirations de ceux qui l'entourent.

De ces désastreuses conséquences, Platon voit surtout les traces dans les relations que le commerce et les échanges ont créées entre les hommes ; ces relations, Platon voudrait les voir réglementées, car il trouve que les préceptes de la justice y sont trop souvent oubliés. C'est au livre XI des *Lois* que l'on trouve ses idées sur le commerce et le rôle des marchands.

« La fin de l'institution des marchands dans une ville n'est point naturellement, dit-il, de nuire aux citoyens, mais tout le contraire. Ne doit-on pas en effet regarder comme un bienfaiteur commun, celui dont la profession est de distribuer, d'une manière égale et proportionnée aux besoins de chacun, des denrées de toute espèce qui sont par elles-mêmes sans mesure et sans égalité. C'est surtout par l'entremise de la monnaie que se fait cette distribution, et c'est pour y présider que sont établis les marchands forains, les mercenaires, les hôteliers et les autres dont les professions plus ou moins honnêtes ont toutes le même but, de pourvoir aux besoins des particuliers et d'établir l'égalité dans les moyens de les satisfaire. Voyons pourquoi ces conditions ne sont réputées ni honnêtes ni honorables et ce qui les a mises dans le décri où elles sont afin d'apporter dans nos lois quelque remède, sinon à tout le mal, du moins à une partie... La plupart des hommes ne mettent point de bornes à leurs besoins et *lorsqu'ils pourraient se contenter d'un gain modeste, ils aspirent à des profits sans mesure*. Voilà ce qui dans tous les temps a décrié les professions de revendeur, de trafiquant, d'hôtelier et a été pour eux l'objet de reproches honteux (1).... » Voilà le mal : l'aspiration de l'homme à des profits sans mesure, voilà ce qu'il faudrait arracher du cœur de l'homme, faire disparaître des mœurs. Mais comment y arriver. C'est ici que Platon indique d'une façon précise, sa croyance à un prix raisonnable et sa foi dans la puissance du législateur pour l'imposer aux citoyens : « Il faut que les gardiens des lois s'étant assemblés avec des personnes entendues, examinent ensemble quelle est la dépense et la recette d'où résulte pour le marchand *un profit raisonnable* ; qu'ensuite ils fixent par écrit ce qu'on doit exiger à raison de ce qu'on a déboursé et qu'ils commettent l'observation du règlement en partie aux agoranomes... »

Plus loin il parle des artisans et des guerriers : « Les uns et les autres travaillent pour le bien de la pa-

(1) *Les Lois*, liv. XI. Trad. V. Cousin, t. VIII.

trie, ceux-ci en combattant à la tête des armées, ceux-là en fabriquant pour un *prix raisonnable* toutes sortes d'ouvrages et d'instruments. La loi donne à quiconque entreprend un ouvrage le même avis qu'elle donne à tout vendeur, de ne point chercher à tromper en surfaisant le prix de sa marchandise, mais de l'estimer ce qu'elle vaut (1). »

Ce prix raisonnable, ce profit raisonnable, qu'est-ce donc? à quoi va-t-on le mesurer? C'est ce qu'on doit exiger à raison de ce qu'on a déboursé, c'est aussi la rémunération de ceux qui travaillent pour le bien de la patrie, c'est enfin le prix qui va revenir au marchand sans qu'il cherche à tromper en surfaisant le prix de sa marchandise mais en l'estimant ce qu'elle vaut. Ce passage est fort explicite, le prix sera établi d'après ce qui aura été déboursé, la dépense du marchand sera la base de fixation du prix de vente. Le marchand devra d'abord rentrer dans ses frais, puis les gardiens des lois auxquels seront adjointes des personnes compétentes, détermineront la juste rémunération qui reviendra au marchand pour sa peine et ses soins.

Ici nous sommes frappés de la similitude d'idées entre la doctrine platonicienne et celle des écoles du Moyen Age, l'enseignement de celles-ci est pour ainsi dire contenu en substance dans ce chapitre des *Lois*. Comme dans le prix raisonnable de Platon, nous retrouverons

(1) V. *Les Lois*, liv. XI.

dans le juste prix des Canonistes les mêmes éléments, l'étude sera plus développée, il est vrai, et plus complète, mais toujours pour la fixation du juste prix, les docteurs prendront comme base les déboursés du marchand et la rémunération de son labeur, toujours aussi ce qu'ils auront à cœur de proscrire, ce sera la supercherie du trafiquant cherchant à vendre la marchandise plus qu'elle ne vaut. Chez les Canonistes comme chez Platon, ce qui domine toute la question, c'est la croyance à un prix « juste ou raisonnable » qui sera celui du marché lorsque les vendeurs comme les acheteurs se seront détachés de la spéculation, lorsque les vendeurs se seront pénétrés de leur fonction sociale qui est « de fabriquer pour le bien de la patrie toutes sortes d'ouvrages et d'instruments » et qu'enfin vendeurs et acheteurs s'entendront sur la juste rétribution de ces services, sans que l'estimation du prix ne soit faussée par la passion du gain et de la richesse.

Cette similitude de vues est si remarquable qu'elle se manifeste encore dans ses conséquences. Platon a blâmé les agissements des revendeurs, des trafiquants, des hôteliers, nous verrons par la suite, avec quelle indignation les docteurs du Moyen Age ont flétri *les regratiers* et les hôteliers exploitant leur clientèle. Le remède, notre philosophe pense le trouver dans la tarification légale, les gardiens des lois s'assembleront et détermineront les prix, c'est aussi cette mesure que nous verrons préconisée plus tard.

Faut-il dire que les idées de Platon aient sérieusement influé sur le Moyen Age ? Il n'est pas permis de leur supposer une influence directe. Les écoles du Moyen Age n'ont pas eu à leur disposition les œuvres platoniciennes ; Aristote a eu seul les honneurs de la controverse, et dans aucun des auteurs que nous aurons à étudier, nous ne verrons citer l'autorité de Platon, tandis que souvent on invoquera celle d'Aristote.

Mais si l'influence directe de Platon sur les Canonistes est peu probable, il est à peu près certain que la doctrine de Platon par l'intermédiaire de quelques-uns de ses disciples a, dans une certaine mesure, pénétré dans les écoles du Moyen Age.

Il existait au IIIe siècle, à Alexandrie, une très brillante école de philosophes qui s'inspirait directement des théories platoniciennes ; cette école contemporaine des Pères de l'Église n'est pas restée étrangère à ceux-ci, c'est là que nous trouvons le trait d'union entre l'Académie et nos Universités.

« L'inimitié de l'École d'Alexandrie pour le christianisme, nous dit M. Nicolas, dans l'*Encyclopédie des Sciences religieuses*, n'empêche pas quelques Pères de l'Église, entre autres Basile le Grand et Grégoire de Nysse, de tenir Plotin pour un philosophe éminent et d'étudier ses écrits. La *Catechetica oratorio* de celui-ci est pleine de souvenirs des *Ennéades* et l'*Oratorio de Spiritu Sancto* de celui-là contient un long passage qui est presqu'en entier emprunté à Plotin. Augustin lui-même ne sut pas voir la véritable différence qui se trouve entre le néoplatonisme de Plotin et le véritable christianisme. Il est persuadé que les Alexandrins n'auraient eu à changer que quelques mots à quelques-unes de leurs opinions pour devenir chrétiens (1). »

Notons aussi que saint Clément d'Alexandrie qui fut le contemporain des grands philosophes de l'École, a conservé dans quelques-uns de ses ouvrages l'empreinte de l'influence platonicienne.

Le Moyen Age lui-même fut en contact avec l'École d'Alexandrie : « Au commencement du VIe siècle, continue M. Nicolas dans l'étude déjà citée, un écrivain inconnu, peut-être un néo-platonicien, converti au christianisme, ou, ce qui semble plus vraisemblable, un chrétien séduit par la philosophie alexandrine, telle qu'elle s'enseignait alors à Athènes, habilla à la chrétienne le système de Proclus, le compléta par une application de ses conceptions hiérarchiques aux choses ecclésiastiques, et attribuant ces divers opuscules à Denys l'Aréopagite, les lança dans le monde chrétien. Ces écrits soulevèrent au premier moment une vive opposition et ils finirent par en triompher. Traduits en latin au IXe siècle par Jean Scot Erigène, commentés pendant le Moyen Age à l'égale des saintes Ecritures, ils ont

(1) *Encyclopédie des Sciences religieuses*, publiée sous la direction de F. Lichtenberger (Paris, 1877). V. t. I, article *Ecole d'Alexandrie*.

été pendant longtemps le manuel des mystiques chrétiens (1). »

La philosophie alexandrine a donc été connue du Moyen Age, et par là même, le Moyen Age a pu participer dans une certaine mesure au platonisme.

Cette participation n'a pu être que restreinte : d'abord parce que le Moyen Age n'a eu de relations avec les Alexandrins, que par des intermédiaires qui reproduisaient infidèlement une doctrine que presque toujours ils combattaient, et aussi parce que l'École Alexandrine elle-même n'avait pas admis d'emblée tous les enseignements de l'Académie. Les Alexandrins étaient des éclectiques et l'autorité de Platon bien que prédominante n'était pas souveraine parmi eux. « Rien n'est plus propre à exprimer la nature de cet éclectisme, nous dit M. Franck, que la division presque constamment employée par les professeurs Alexandrins dans leurs leçons publiques : *ει αληθῶς, εἰ Πλατονικῶς* : au point de vue de la vérité, au point de vue de Platon (2). »

Toutefois en alliant toutes les doctrines, ils se rattachaient incontestablement à l'École platonicienne : le caractère essentiel de l'École en effet, c'est le mysticisme extatique ; le mysticisme idéaliste du philosophe athé-

(1) V. *Encyclopédie des Sc. relig.*, *loc. cit.*

(2) *Dict. des Sciences philos.* publié sous la direction de A. Franck (Paris, 1885), V. article : *Ecole d'Alexandrie*.

nien devait donc les séduire, ils en furent les disciples, mais aussi les transformateurs.

Pour eux et surtout pour Plotin le plus illustre de l'École, la vie est un tissu de misères, elles sont la conséquence inévitable de la vie humaine ; le philosophe doit s'en délivrer, il doit se purifier, et pour cela séparer le plus possible l'âme du corps. « L'âme abandonne le corps en danger si bon lui semble, elle ordonne à l'homme de renoncer à la vie, à ses richesses, à ses enfants, à sa patrie elle-même, car elle n'a pas pour but de sauver l'existence de ce qui lui est inférieur (1). » Les Alexandrins menaient, d'accord avec leurs principes, une vie ascétique ou tâchaient de s'en rapprocher ; ils avaient souvent une grande sévérité de mœurs presqu'égale aux règles monastiques de l'Église chrétienne. On peut juger par là du cas qu'ils faisaient des choses humaines et des biens terrestres, ils considéraient toutes les formes de l'activité humaine dans un esprit de simple tolérance fort éloigné de tout encouragement : le commerce, l'acquisition, l'augmentation des richesses n'avaient aucun intérêt pour des hommes tellement enivrés d'idéalisme qu'ils étaient honteux d'avoir un corps, ils n'éprouvaient nullement le besoin de gagner, n'ayant pas celui de vivre, pour eux la question du prix

(1) Plotin, *Ennéades*, VI, liv. VIII, chap. VI. Trad. Bouillet. Paris, 1857.

raisonnable ne devait même pas se poser. A quoi bon hausser les prix, vouloir augmenter son gain, pour se procurer un bien-être qui attacherait l'individu à une vie dont il veut se délivrer. Les Alexandrins ne se livrèrent donc pas à des études spéciales sur les prix, le gain dans les achats et ventes, mais leur philosophie les portait naturellement à condamner comme Platon le profit sans mesure : les conclusions qu'ils ne tirèrent pas, d'autres pouvaient les déduire après eux, et voilà pourquoi il était important pour nous de constater et l'essence de leur philosophie et leur affinité avec les Pères de l'Église et le Moyen Age.

Après Platon et les platoniciens, nous arrivons à l'étude d'Aristote.

Pour lui comme pour Platon, la vie spéculative est bien au-dessus de la vie politique et surtout de la vie utilitaire.

Comme son maître, le stagyrite croit que l'État doit faire le bonheur de ses sujets par le règne de la vertu et de la justice. Ce triomphe de la justice n'est pas seulement nécessaire pour le bonheur des individus, il est aussi nécessaire pour que l'État puisse subsister, « c'est la condition de la vie politique ».

Il y a pour Aristote deux formes de justice : la justice distributive et la justice commutative : la première règle la distribution des biens communs, des honneurs et des avantages sociaux ; la seconde préside aux contrats et aux transactions entre citoyens.

La justice distributive ne reçoit donc ses applications que de la part de l'État vis-à-vis des citoyens, l'autre au contraire s'applique entre les individus, elle règle leur vie journalière, elle a des applications multiples et c'est l'étude qu'en fait Aristote qui va nous occuper.

Aristote est amené à cette théorie de la justice commutative par l'étude des conditions d'existence de la société. Les hommes se sont réunis en société, nous dit-il dans la *Morale à Nicomaque*, poussés par le besoin — il ajoutera dans la *Politique* l'instinct de la sociabilité — mais dans la description première, le besoin seul intervient. C'est alors le besoin pour les premiers individus de laisser après eux des êtres qui leur ressemblent, ce besoin détermine l'union des sexes en vue de la génération ; la famille apparaît alors, elle se développe, s'accroît, une première division du travail s'opère dans son sein. Mais quelque nombreuse que puisse être la famille et bien qu'elle puisse déjà subvenir à quantité de besoins, le travail se divise encore entre familles, et l'association de familles en vue d'une utilité commune forme la bourgade ; plusieurs bourgades formeront un État complet. C'est alors dans l'État entre les différents individus, entre les différents groupes une série continue d'échanges et de transactions : chaque individu, chaque groupe offrant aux autres ce qu'il produit, ce qu'il fabrique en échange des produits de ses concitoyens. A ce moment apparaît une difficulté, il faut, dit le philosophe, maintenir l'équilibre entre les différents échangistes, maintenir l'équivalence dans les services rendus : si, en effet, certains individus sont mis dans un état d'infériorité par leurs semblables, s'ils ne retrouvent pas un service équivalent à celui qu'ils rendent, ils n'ont pas intérêt à rester dans la société, la cohésion sociale est déviée de son but, ses membres y étaient entrés pour un échange d'avantages, ces avantages se traduisant par une perte, leur but n'est plus atteint, la société ne peut se maintenir : voilà donc établie la nécessité de l'égalité proportionnelle dans les contrats, c'est-à-dire de la justice commutative.

« J'avoue du reste, lisons-nous au livre V de la *Morale*, que dans toutes les relations communes que les citoyens échangent entre eux, cette espèce de justice, c'est-à-dire la réciprocité proportionnelle et non strictement égale est le lien même de la société ; l'État ne subsiste que par cette réciprocité de services qui fait que chacun rend proportionnellement ce qu'il a reçu : en effet, où l'on cherche à rendre le mal pour le mal ; autrement la société serait une espèce de servitude, si l'on n'y pouvait rendre le mal que l'on a reçu ; ou bien on cherche à rendre le bien pour le bien, sinon il n'y a plus *une réciprocité de services* de la part des citoyens entre eux, et c'est cependant par ce mutuel échange de services que la société peut subsister... Il y aura réciprocité de services toutes les fois que l'égalité sera rétablie, en sorte que le laboureur et le cordonnier soient dans le même rapport que le travail du cordonnier avec celui du laboureur... lorsque dans l'échange chacun d'eux obtient ce qui lui appartient, alors il y a égalité et il peut y avoir commerce entre eux, parce qu'il dépend d'eux que cette égalité puisse s'établir (1). »

Et plus loin Aristote nous dit que cette égalité s'établira au moyen de la monnaie.

L'effet de la justice commutative dans l'échange est donc celui-ci : après l'échange effectué, les deux parties doivent se trouver dans l'état où elles étaient auparavant, n'ayant ni gagné ni perdu, ayant simplement éprouvé un changement dans ce qu'elles possèdent. « Les noms de perte ou de gain, lisons-nous encore dans la *Morale*, sont venus des transactions volontaires, car avoir plus qu'on ne possédait précisément s'appelle gagner, et avoir moins qu'on ne possédait d'abord, s'appelle perdre, ainsi qu'il arrive dans les ventes, dans les achats et dans toutes les autres transactions pour lesquelles la loi offre des garanties. Mais lorsqu'on n'augmente ni ne diminue la quantité de ce qu'on possède et qu'il y a compensation exacte, alors on dit que chacun a ce qui lui appartient, sans gain ni perte. En sorte que, dans les choses qui ne dépendent pas de la volonté, la

(1) Aristote, *Morale à Nicomaque*, liv. V, chap. V. Trad. Barthélemy Saint-Hilaire.

justice consiste dans un certain milieu entre la perte et le gain, c'est-à-dire à se trouver, *après que la compensation a été opérée*, *précisément dans le même état où l'on était auparavant* (1). »

L'échange ne doit donc pas troubler l'égalité, et le seul avantage qu'en retirent les échangistes, consiste dans la possession d'un objet mieux approprié, mieux conditionné, et par conséquent plus utile que si cet objet provenait de leur fabrication propre.

Comment arrivera-t-on à cette égalité proportionnelle ; il se peut que l'ouvrage de l'un l'emporte sur l'ouvrage de l'autre, le travail du laboureur ou du maçon vaudra souvent plus que celui du cordonnier, une foule de difficultés vont s'élever dans la pratique des échanges ! C'est ici que la monnaie joue son rôle, elle servira de commune mesure entre les différents produits. Ceux-ci vaudront plus ou moins de monnaie suivant l'utilité à laquelle ils correspondent, suivant les besoins qu'ils pourront satisfaire ! La monnaie devient ainsi l'auxiliaire indispensable de la justice commutative, le producteur échangiste n'abandonnera pas son produit contre celui du coéchangiste qui serait difficilement équilibré en valeur au sien, mais contre une quantité de monnaie qui représentera la satisfaction du besoin qu'il va combler. *Les deux prestations* : *abandon de l'objet d'une part*, *livraison d'une quantité de monnaie*

(1) Aristote, *Morale à Nicomaque*, liv. V, chap. IV, *in fine*.

de l'autre, devront s'équivaloir pour la réalisation de la justice sans laquelle l'État ne peut subsister, lui qui ne subsiste que par « cette réciprocité de services qui fait que chacun rend proportionnellement ce qu'il a reçu ». Cette quotité de monnaie sera le juste prix de la chose vendue. L'expression n'est pas employée par Aristote mais elle rend sa pensée. Le juste prix n'est, en effet, que l'expression de cette égalité proportionnelle qui doit être maintenue entre les parties ; c'est l'intermédiaire, la tare qui, placée dans l'un des plateaux de la balance, doit être également contrebalancée par les deux prestations en nature, qui sans l'intervention de la monnaie se seraient opérées entre les coéchangistes.

Cette théorie d'Aristote sur la justice commutative a inspiré dans une grande part les docteurs du Moyen Age. Saint Thomas d'Aquin et Albert le Grand en particulier ont reproduit en entier ces idées, nous les étudierons à leur place.

En terminant ces observations sur Platon et Aristote, il est intéressant de faire entre eux un rapprochement.

Chez l'un et l'autre philosophe l'être supérieur, celui qui absorbe tous les autres et dont les droits priment tous ceux des autres, c'est l'État Platon dans *Les Lois* étudie ce qui peut faire le bien de l'État d'abord, il ne tient pas compte des individus, les intérêts de ceux-ci sont subordonnés aux intérêts de celui-là, le bonheur des citoyens sera assuré par l'État ; la question de la liberté de l'individu ne se pose pas, l'auteur ne se demande pas dans quelle mesure il peut y toucher, toutes les mesures sont légitimes si l'intérêt de l'être supérieur l'exige. Les professions diverses sont autant de fonctions publiques que les particuliers détiennent momentanément dans l'intérêt général ; dans le passage cité plus haut où Platon parle de la distribution des denrées : c'est pour y présider, dit-il, que sont établis les marchands forains, les mercenaires, les hôteliers et les autres... En sacrifiant ainsi tout à l'intérêt de l'État, on tombe dans l'arbitraire, c'est ce qui est arrivé à Platon : il organise le communisme et tous les citoyens au mépris de leur libre arbitre sont embrigadés d'autorité dans les différentes carrières et professions dont a besoin l'État ; organisant la production, Platon devait aussi régler l'écoulement des produits, c'est ce qu'il fit en établissant un prix légal pour toutes les denrées et marchandises : les gardiens des lois assemblés avec des personnes compétentes déterminent le prix raisonnable, le profit légitime et commettent des surveillants des marchés. La détermination de ces prix sera basée, Platon nous le dit, d'après les déboursés des marchands (1), c'est-à-dire que cette base sera le coût de production.

Aristote, comme son maître, a le culte de l'État.

(1) *Vide suprà.*

L'homme est un animal sociable, sans la société, il ne peut vivre, c'est donc cet organisme social qu'il convient de fortifier et de soutenir : faire le bonheur et la prospérité de la collectivité c'est faire le bonheur des individus. Mais le même point de départ n'a pas conduit Aristote aux mêmes conclusions. Sans doute il veut le règne de la justice, sans elle l'état social perdrait sa raison d'être et ne saurait subsister, cependant les théories extrêmes de Platon n'ont pas séduit son disciple, il avait trop le sens pratique, à côté du raisonnement il ne dédaignait pas l'expérience. Aristote a repoussé le communisme, il en a même fait dans sa *Politique* une vigoureuse critique ; il n'aboutit pas davantage à la fixation des prix dans un espoir de justice. Sa justice commutative, sa justice proportionnelle qui règle les conditions des échanges il la croit nécessaire, mais il ne cherche pas à en imposer l'observation, les échanges, les ventes de marchandises et de denrées ne sont pas soumis au contrôle de la loi : le prix des choses se fixera d'après leur utilité, les services qu'elles rendront, les satisfactions qu'elles procureront : la valeur se fixera librement et elle aura pour base le besoin.

Les deux philosophes grecs, il faut encore le noter, ont fait une trop grande part à l'étude abstraite. Absorbés l'un et l'autre par un idéal supérieur, ils ont eu surtout en vue les intérêts moraux de la société bien plus que ses intérêts matériels.

Platon avec son communisme, veut transformer l'égoïsme de la nature humaine de telle façon qu'il se change invisiblement en altruisme, et le changement est si complet qu'il amène la suppression même de l'intérêt personnel, premier moteur de l'activité humaine.

Et de son côté, le philosophe de Stagyre avec sa division de l'économie, en économie naturelle et économie artificielle (chrématistique naturelle et artificielle), la première comprenant l'art d'acquérir les choses nécessaires à la vie, l'autre comprenant l'art d'acquérir le superflu, de s'enrichir, nous paraît avoir peu approfondi la réalité des faits, ou avoir voulu, suivant l'expression de M. Espinas : « faire aux besoins essentiels de la nature humaine un minimum de concessions (1) ».

Ainsi comme le dit encore M. Espinas : « la vie spéculative se trouve, en fin de compte, mise par Aristote comme par Platon au-dessus de la vie politique et surtout de la vie utilitaire (2) ».

§ 2. — Quelques remarques sur les Évangiles. — Les Pères de l'Église.

Nous venons d'étudier rapidement les quelques pages que la philosophie païenne a consacrées à l'idée du prix raisonnable et de la justice dans les contrats. Il nous faut voir maintenant s'il n'y a pas eu dans l'enseignement et les traditions du christianisme avant le Moyen Age, une doctrine et des opinions émises sur ce

(1) Espinas, *Histoire des doctrines économiques*. Edit. A. Colin, Paris, 1891, p. 49.

(2) Même auteur, *loc. cit.*

même sujet. Cette recherche a une réelle importance, car si le Moyen Age s'est inspiré de la philosophie grecque et surtout de la philosophie aristotélicienne, bien plus encore a-t-il puisé dans les enseignements de l'Évangile et des Pères de l'Église. Nous ne devons pas l'oublier, les auteurs que nous aurons à étudier sont pour la plupart, avant tout des théologiens. Parfois leurs ouvrages ont été simplement consacrés à l'étude de la philosophie, comme les *Commentaires* d'Albert le Grand et de saint Thomas sur Aristote, mais le plus souvent l'œuvre était purement théologique : ainsi les *Sommes* et les *Commentaires du Livre des Sentences* de Pierre Lombard ; d'autres fois l'étude portait sur les principes et les applications du droit canonique, dont les sources sont aussi bien dans les Évangiles et les Livres Saints que dans les décisions des papes et des conciles.

Le christianisme étant une religion, fut tout de suite mêlé à la vie pratique comme à la vie de l'esprit, ses préceptes de conduite devaient en régler les multiples détails : les questions fondamentales de l'existence de l'homme, ses droits, ses devoirs, se retrouvèrent du premier coup dans le domaine de la religion, et en même temps la propriété, le travail, la richesse, les contrats n'échappèrent pas à la discussion. Platon, nous l'avons vu, s'élevait avec énergie contre les marchands, les trafiquants de toute sorte qui avaient le désir immodéré du gain, pour lui il y avait un profit raisonnable et un gain illégitime, les négociants il les considérait comme formant une institution utile aux autres hommes, ils étaient les distributeurs de toutes les choses nécessaires à la vie et en quelque sorte détenteurs d'une fonction sociale, presque d'une fonction publique. Nous tâcherons de percevoir quelle est à ces deux points de vue l'idée évangélique.

Le but que le Christ et ses disciples ont toujours proclamé et cherché était d'enseigner les nations, mais aussi de les moraliser.

Il fallait arracher l'homme à l'impiété comme aussi à la poursuite des plaisirs et des jouissances matérielles, pour lui imposer un idéal supérieur de charité ou de justice. Nous ne trouverons pas dans les Évangiles comme dans nos études précédentes de longues théories, de longs développements sur le sujet qui nous intéresse, l'enseignement du Christ s'adressait aux simples et il était contenu dans ses actes autant que dans ses paroles. Il est donc inutile d'y chercher une doctrine complète sur la justice dans les contrats, le commerce, les rapports de vendeur à acheteur. Toute notre étude doit se borner à des déductions tirées de quelques passages d'une portée générale sur le luxe, le gain, les richesses.

L'homme est né pour le travail ; du travail dépend son existence, et avec lui il évite la dangereuse oisiveté. Le travail a donc été en honneur auprès du Sauveur, il s'est livré lui-même au travail manuel et il a choisi ses apôtres parmi des travailleurs. Le travail a pour conséquence sa rémunération, puis l'acquisition, la possession de biens ; le travailleur s'enrichit. Cet enrichissement n'est pas désapprouvé dans l'Évangile ; on y voit le Christ fréquentant la maison de Lazare, de Zachée le publicain, de Simon le riche et parmi ses disciples il y avait quelques hommes d'une situation enviée.

Cet enrichissement peut toutefois devenir un danger : il le devient lorsque l'homme s'attache à ses richesses, lorsqu'il veut les augmenter sans mesure, le désir, la soif du lucre l'expose alors à un double péril : l'oubli de ses intérêts et de ses devoirs moraux et l'amour du luxe et des plaisirs dont le vice est une suite naturelle.

Voilà pourquoi le Christ dans de nombreuses circonstances s'est élevé contre l'amour des richesses et a mis en garde les riches contre les dangers qui les menacent : « *non potestis Deo servire et mammonæ* ! s'écrie-t-il — *quærite primum regnum Dei et justitiam ejus et hæc omnia adjicientur vobis*... (1). *Dico vobis quia dives difficile intrabit in regnum cœlorum. Et iterum dico vobis : facilius est camelum per foramen acus intrare quam divitem intrare in regnum cœlorum* » (2).

La perfection dans la vertu sera difficilement le partage du riche sollicité si souvent par les plaisirs faciles : « *Si vis esse perfectus*, dit Jésus au jeune homme riche, *vade, vende quæ habes et habebis thesaurum in cœlo et sequere me* » (3).

(1) Evangile selon S. Matthieu, ch. VI. S. Luc, ch. XII.
(2) Evangile selon S. Matthieu, ch. XIX.
(3) Evangile selon S. Matthieu, ch. XIX.

De tels préceptes devaient naturellement entraîner la condamnation de ceux qui cherchent dans le commerce et les transactions un gain immodéré ; si le Christ n'a pas d'une façon explicite jeté l'anathème contre les trafiquants et les négociants sans scrupules, leur condamnation est implicitement contenue dans sa doctrine.

Il y avait encore une raison pour que le Christ proscrivît les gains sans mesure, c'était l'obligation de charité : les liens de la charité engagent tous les hommes dans leurs rapports quotidiens ; comment un chrétien pourra-t-il sans faillir réaliser au détriment de son semblable un profit immodéré ?

Nous ne tirerons de ce bref exposé qu'une conclusion : les enseignements de l'Évangile s'accordent sur bien des points avec ceux des philosophes que nous avons étudiés plus haut : pour le chrétien comme pour le philosophe, le but de la vie c'est la perfection de l'âme ; l'attachement aux biens matériels, le désir du gain et des richesses qui détournent le chrétien de sa véritable voie, sont donc des aspirations à condamner. Mais il ne faut pas tirer des paroles du Christ ce qu'elles ne contiennent pas et dire qu'il a condamné de façon absolue ceux qui possèdent, ce serait une interprétation inexacte, et nous nous proposons d'insister sur ce point dans les développements qui vont suivre.

Après avoir ainsi éclairé notre route par ces quelques remarques sur les Évangiles, nous pouvons aborder l'étude des Pères de l'Église.

Ceux-ci occupent une place particulière dans ce travail : ce sont en effet, si l'on peut ainsi dire, les aînés des docteurs du Moyen Age ; ils les ont nourris de leur enseignement ; leur autorité qui aujourd'hui encore est incontestée sur beaucoup de questions était prépondérante dans les Universités d'autrefois. Les travaux des Pères de l'Église ont embrassé tout ensemble l'Ancien et le Nouveau Testament, ils ont commenté les livres de l'ancienne loi et les Évangiles et c'est à ces sources qu'ils ont puisé, c'est d'elles que découlent leurs doctrines. Nous allons donc retrouver étudiés et développés les passages des évangélistes qui nous intéressent en même temps que certaines pensées des Livres Saints antérieurs à la naissance du Messie.

Les Pères ont interprété de deux manières les enseignements du Christ.

Les uns tirant argument de la vie modeste du Sauveur, de son affection pour les pauvres, les humbles, ont vu dans ses paroles une malédiction lancée contre les riches et la possession des biens terrestres. Ils ont choisi l'interprétation littérale des discours du Christ. Les autres ont considéré au contraire l'ensemble des entretiens et des actes, ils n'ont pas pris les paroles à la lettre, ils ont préféré chercher par delà la lettre la pensée, ils ont choisi l'interprétation raisonnée.

Les représentants les plus autorisés du premier groupe sont saint Jérôme et saint Jean Chrysostome. M. Espinas dans son *Histoire des Doctrines économiques*, cite encore saint Ambroise et Tertullien qui prêchaient la communauté des biens : « Tout est commun parmi nous excepté les femmes », disait Tertullien (1).

M. de Laveleye dans *les Progrès du Socialisme* cite sans en indiquer les sources : « Le riche est un larron » (saint Basile). « Le riche est un brigand ». « Il faut qu'il se fasse une espèce d'égalité en se donnant l'un à l'autre le superflu. Il vaudrait mieux que tous les biens fussent en commun » (Jean-Chrysostome). « L'opulence est toujours le produit d'un vol, s'il n'a été commis par le propriétaire actuel, il l'a été par ses ancêtres » (saint Jérôme) (2).

Nous allons étudier particulièrement quelques textes de saint Jérôme et de saint Jean Chrysostome.

Saint Jérôme commente dans l'évangile de saint Matthieu ces paroles du Christ : « *Se vis esse perfectus, vade vende quæ habes et de pauperibus et habebis thesaurum in cœlo et veni sequere me* » (3). Il est en notre pouvoir, dit le saint docteur, d'aspirer à la perfection, celui qui veut être parfait doit vendre ce qu'il a et ensuite suivre les enseignements du Sauveur. Un véritable désir de perfection devra donc pousser le chrétien à se séparer de ses biens, il est vrai, ceci n'est demandé qu'à celui qui aspire à une vie parfaite, le chrétien

(1) Voir Espinas, *Hist. doct. écon.* Même édition, p. 67.

(2) Laveleye, *Introduction au Socialisme contemporain* (Paris, Alcan, 1888).

(3) S. Jérôme, *Commentarium in Evangelium Matthei*, liv. III, chap. XIX (Migne, *Patrologie latine*, Paris, 1845, tome 26, p. 137, 138).

pourrait satisfaire à la loi divine sans prendre ce parti extrême, mais combien il est prudent si l'on veut poursuivre sans crainte son salut de faire le sacrifice jusqu'au bout. La possession des biens de la terre est un perpétuel obstacle dont il vaut bien mieux pour être complètement en sûreté de conscience se débarrasser, telle est bien la pensée du saint anachorète, qui avait lui-même après une jeunesse brillante renoncé complètement au monde.

Dans le commentaire du verset vingt-quatrième : « *Facilius est camelum per foramen acus transire, quam divitem intrare in regnum cœlorum* » (1)... Il déclare que l'accès du royaume céleste ne semble plus seulement difficile au riche, mais impossible, il ne faut pas moins qu'une intervention spéciale de la miséricorde de Dieu pour lever cette impossibilité : *Apud homines hoc impossibile est apud Deum autem omnia possibilia sunt* (2). Ce qui est impossible à l'homme peut devenir possible avec le secours de Dieu.

Au *Commentaire* d'Ezechiel à propos des versets cinquième et sixième : « *Etsi vir fuerit justus et fecerit judicium et justitiam... et ad usuram non commodaverit et amplius non acceperit ; in præceptis meis ambulaverit, hic justus est vita vivet dicit Dominus Deus* » (3). Saint Jérôme s'exprime ainsi : le prophète défend le prêt avec

(1) *Comm. in Evang. Matthei*, liv. III, ch. XIX.
(2) V. *loc. cit.*
(3) S. Jérôme, *Commentarium in Ezechielem*, liv. VI, ch. XVIII (Migne, *Patrol. latine*, Paris, 1845, tome 25, p. 170 et suiv.).

usure... Le prophète dit encore : « Vous ne recevrez pas plus que vous avez donné » (1) ; l'usure en effet ne consiste pas que dans le prêt d'argent ; elle peut exister encore dans les prêts en blés, vin ou autres : ainsi quand dans le temps d'hiver nous *donnons dix mesures pour en recevoir quinze à la moisson*, qu'on ne dise pas : une mesure en a rendu dix, n'est-il donc pas juste que ma libéralité me rapporte quelque chose ? Non, dit l'apôtre, ne riez pas avec Dieu. Jérôme vise ici l'usure et il faut avouer que celui qui donne dix mesures pour en recevoir quinze réalise un bénéfice vraiment honteux. Néanmoins ce prêt, qui est en somme un échange, peut viser légitimement à une part de gain et Jérôme semble contester que la libéralité puisse rapporter quelque chose, il semble se refuser à admettre l'augmentation de valeur d'une denrée, d'un produit suivant le temps et la rémunération que peut en tirer son possesseur. Séduit par une idée d'absolue égalité à maintenir entre les contractants, il n'a pas compris tout ce que renfermait le contrat. Il n'a vu dans cet échange qu'un individu abandonnant une part de son bien, qui lui sera rendue, plus tard il est vrai, mais puisqu'il rentrera en possession cela suffit. Saint Jérôme ne semble pas avoir perçu la peine, les soins que le possesseur du blé a dû prendre pour le conserver jusqu'en hiver, l'augmentation de valeur qui en résulte, la privation qui vient de

(1) V. *Comm. in Ezechielem*, *loc. cit.*, p. 175, 176 et suiv.

cet abandon de récolte, l'incertitude du recouvrement. Tout cela semble devoir se passer de rémunération, ou peut-être confondant la charité et la justice, le saint anachorète pense-t-il qu'au riche il n'est pas dû de rémunération pour avoir secouru son semblable dans le besoin !

Ces citations nous ont montré quelles étaient les idées de saint Jérôme sur le gain et les richesses, on peut en déduire facilement la nature de son influence sur les esprits du Moyen Age.

Avec saint Jean Chrysostome nous arrivons à une appréciation plus modérée, c'est aussi au *Commentaire* de saint Matthieu que nous trouvons son opinion.

Il cite le verset : « *nemo potest duobus dominis servire: aut enim unum odio habebit et uterum diliget aut unum sustinebit et alterum contemnet* (1) ».

Le grand évêque fait remarquer, comment peu à peu l'Évangile cherche à détacher des choses présentes, à inspirer le mépris des richesses. La fortune est notre ennemie non pas seulement parce qu'elle incite contre nous les voleurs, ni qu'elle plonge notre esprit dans les ténèbres, mais parce qu'elle nous détourne du service de Dieu, ce qui est notre plus grande obligation et qu'elle nous rend esclaves de trésors inanimés. En effet, dit l'Évangile, on ne peut servir deux maîtres. Comment donc autrefois Abraham et Job s'illustraient-ils

(1) Saint Jean Chrysostome, *Homiliæ in Mattheum*, XXI (Migne, *Patrologie grecque*), Paris, 1845, tome 57, p. 294.

par leurs vertus? Job était riche, mais il n'était pas attaché à ses trésors, il en usait comme tout bon possesseur, mais il n'était pas leur esclave... quand il vint à les perdre il ne se plaignit pas. Mais les riches d'aujourd'hui ne lui ressemblent pas, ils sont comme des captifs, asservis à l'argent comme à un inflexible tyran. *L'amour du gain a envahi leur esprit et les plie à toutes les iniquités* (1).

Retenons cette dernière phrase, l'amour du gain qui les pousse à toutes les iniquités : voilà encore l'appât du gain dénoncé comme le grand ennemi du salut des humains. Saint Jean Chrysostome nous présente donc lui aussi son réquisitoire contre les richesses, cependant il n'a pas la véhémence de saint Jérôme ; il cite le patriarche Job comme le modèle du bon riche, la richesse ne conduit donc pas invariablement à l'iniquité, elle n'est point proscrite de façon absolue ; cependant à d'autres passages Chrysostome est plus catégorique.

Dans beaucoup d'homélies, il cite comme l'exemple d'une perfection à laquelle le chrétien doit aspirer la pauvreté du Christ : « *Non habentem ubi caput reclinaret. Cogita Paulum, Petrum, cogita Joannem, imo vero ipsum Dei Filium, illius et ejus servorum æmulator esto ; audi sententiam Christi dicentem fieri non posse ut dives in regnum cœlum introeat.* » Ici saint Chrysostome semble mettre en garde le chrétien contre la possession des biens matériels.

(1) V. S. Jean Chrysostome, *loc. cit.*

En commentant les paroles du Christ au jeune homme riche, Chrysostome semble croire d'abord que le Christ demandait au jeune israélite d'abandonner tous ses biens pour le suivre, en échange des trésors du ciel. Plus loin il atténue cependant cette idée. « Ce n'est pas assez, dit-il, de mépriser les richesses, il faut encore secourir les pauvres et avant tout suivre le Christ, c'est-à-dire, observer ses commandements et être prêt quotidiennement à paraître devant lui ! La difficulté pour le riche sera grande de s'arracher à ses richesses et il y aura grand mérite pour lui à gagner le ciel ! » (1).

En résumé l'opinion de saint Chrysostome peut se définir ainsi : la pauvreté est plus agréable à Dieu que les richesses et elle est pour le chrétien une garantie de salut.

Saint Clément d'Alexandrie et saint Augustin professent des idées moins intransigeantes à l'égard de la richesse.

Saint Clément traite la question dans son *Quis dives salvetur* (2). Il commente la parole que nous avons déjà maintes fois reproduite : *Si vis esse perfectus... Facilius est camelum...* Selon Clément, le Sauveur ne parle pas le langage humain, il enseigne avec une sagesse toute divine et toute mystique, on ne doit pas l'écouter avec les oreilles de la chair, mais on doit par une prudente investigation découvrir le sens caché de ses paroles. Le jeune homme de l'Évangile avait parfaitement rempli

(1) V. *Homeliæ in Mattheum*, LXIII (Migne, t. 57-58, p. 605 et suiv.).
(2) S. Clément, *Quis dives salvetur* (Migne, *Patrolog. grecque*. Paris, 1845, t. 9, p. 605).

les obligations de la loi et n'avait rien à se reprocher de ce côté. Jésus n'a donc pour lui aucune parole de reproche, mais comme le jeune homme le questionnait, Jésus voulut l'amener à la perfection et lui dit: « *Si vis esse perfectus, vende quæ habes.* » Il faut un acte de volonté pour arriver à cette perfection, Dieu ne force pas, il offre les moyens : « *Unum tibi deest, illud unum quod manet.. quod est suprà legem.* » Mais le jeune homme plein de tristesse se retira, alors saint Clément ajoute : « *non vere vitam ambiebat ut verbis proferebat, sed bonæ duntaxat voluntatis famem aucupiebatur* », il désirait seulement faire preuve de bonne volonté, il ne voulait pas si ardemment qu'il le disait la vie éternelle, il était retenu par tant de choses !

Que faut-il donc entendre par ces paroles : vends ce que tu as! *Est-ce à dire qu'il faille rejeter toutes ses richesses et renoncer à son argent* ? Non, mais *chasser de son esprit les vains jugements sur les richesses*, *l'amour effréné de l'or*, la souillure de l'avarice, les inquiétudes, les épines du siècle. Ceci n'est point une si grande chose que de n'avoir point de richesses. Autrement ceux qui sont dépourvus de tout moyen d'existence, qui sont jetés mendiants sur les chemins, ignorant Dieu et la justice de Dieu, par cette seule raison qu'ils sont accablés par la pauvreté, seraient les plus heureux et les plus religieux des hommes?.. Le Sauveur ne demande donc pas qu'on se dépouille de toute richesse, mais que l'esprit, que l'âme se purifie de tous les vices.

Dans l'antiquité, certains hommes ont méprisé les biens extérieurs, mais le vice et la corruption de leur âme en étaient augmentés, ils se faisaient gloire de leur pauvreté, ils en étaient remplis d'orgueil et ils méprisaient les autres hommes et se croyaient bien supérieurs.

Ce n'est pas à l'acte matériel qu'il faut s'attacher, mais au sentiment qui l'inspire. D'ailleurs Jésus recommande la charité, comment fera-t-on la charité si l'on est dépourvu de tout. Le Sauveur n'a-t-il pas accepté l'hospitalité de Zachée, de Matthieu qui étaient publicains. Il ne leur a pas demandé de renoncer aux richesses, mais il leur a fait apprécier sainement ce qu'elles valent; il loue l'usage des richesses inspiré par la charité : le riche présente à boire à celui qui a soif, donne du pain à celui qui a faim, des vêtements à celui qui est nu. « *Non ergo abjiciendæ sunt opes quæ et in proximi cedant utilitatem, etenim possessiones dicuntur quia earum ea indoles est ut possideantur, insuper opes appellantur quia opem ferunt et humanis usibus sunt accomodatæ.* » Il ne s'agit pas de mépriser les biens, mais surtout d'en faire bon usage. *Opes ex se neque bonum neque malum habeant, atqui omni vacent crimine ; haud ipse vituperandæ sunt... sed illis bene aut mali uti potest... quod igitur cunctis opibus renuntiaremus, in hunc modum intelligendum est ut de affectibus animi ac perturbationibus dictum accipiatur* (1).

(1) V. *Quis dives salvetur*, *loc. cit.*, p. 618 et suiv.

La doctrine de Clément d'Alexandrie nous est maintenant facile à saisir, on peut la résumer en ces mots : la richesse est sans doute pour l'homme un danger, il peut en faire un mauvais usage selon la loi divine s'il en profite pour s'abandonner au plaisir, mais s'il met ses biens au service de Dieu qui les lui a donnés, s'il en profite pour secourir ses semblables, alors ce qui était pour le riche une occasion de péril, devient un objet de salut.

Saint Augustin dans ses *Commentaires* aux psaumes nous offre d'intéressants développements sur les affaires et le commerce. Il le fait avec une hauteur de vues que nous n'avons pas encore rencontrée, et il nous donne comme un premier aperçu des grandes dissertations sur le même sujet que nous offrira le Moyen Age.

Il est écrit au psaume LXX, verset quinzième : *Os meum enuntiabit justitiam tuam, tota die salutem tuam, quoniam non cognovi negotiationes... quæ sunt istæ negotiationes*, demande saint Augustin ? *Audiant negatiotores et mutent vitam* que les commerçants écoutent et qu'ils changent de vie ! Pour quelle raison ? Augustin continue : *Hinc enim aviditate nescio quâ acquirendi, o negotiator, quando damnum passus fueris, blasphemabis, et non erit in te quod dictum est : totâ die laudem tuam quando autem pro pretiis rerum quas vendis, non solum mentiris, verum etiam falsum juras, quomodo in ore tuo totâ die laus Dei? Quando si Christianus es, etiam ex ore tuo blasphematur nomen Dei ut dicatur : Ecce quales sunt christiani* (1) !

L'avidité, la cupidité du commerçant le poussent au blasphème et au mensonge, au parjure même, comment dans de telles conditions, les louanges de la Divinité peuvent-elles sortir de sa bouche ?

Voilà pourquoi le négoce est proscrit ! Mais, continue le grand évêque, j'entends le négociant me dire : *Ecce ego affero quidem ex loginquo merces ad ea loca in quibus non sunt ea quæ attulero, undè vivam, tanquam mercedem laboris mei peto, ut carius vendam quam emerim* (2) ? J'ai apporté des contrées lointaines des produits inconnus dans ce pays, comment vivrai-je si je ne demande avec l'augmentation du prix le salaire de mon travail. *Sed agitur de mendacio, de perjurio. Hoc vitium meum est, non negotiationis ! Non ergo meam culpam actor ad negotium transfero : sed si mentior, ego mentior non negotium* (3). On me reproche le mensonge, le parjure, mais en ceci c'est moi qui suis coupable, ce n'est pas au commerce qu'il faut imputer la faute ! D'ailleurs quand on m'interdit le commerce, à quoi veut-on m'appeler ? A exercer quelque industrie; serai-je cordonnier? Est-ce que les cordonniers ne mentent pas ? est-ce qu'ils ne se parjurent pas ? est-ce qu'ils ne fraudent pas ? Il

(1) Saint Augustin, *Enarrationes in psalmos*, psaume LXX, v. 15 (Migne, *Patrologie latine*, t. 36-37, p. 885, 886).

(2) *Enarrationes*, psaume LXX, p. 886.

(3) V. *loc. cit.*

faut le reconnaître, tous les gens malfaisants, qui ne craignent pas Dieu, mentent et se parjurent? *Ce ne sont donc pas les professions, les métiers qui sont cause du mal, mais les hommes qui le commettent !*

Augustin a donc parfaitement vu l'utilité du commerce et la légitimité de la rémunération du commerçant. Si les opérations commerciales sont entachées d'improbité, la faute en est aux contractants, dont la malhonnêteté se manifesterait tout aussi bien dans d'autres actes de la vie, mais le commerce n'est pas en lui-même condamnable !

Après avoir reconnu l'utilité du commerce saint Augustin n'en est que plus libre pour affirmer que la réalisation de gains exagérés est blâmable, et c'est ce qui lui donne l'occasion de formuler sa croyance au juste prix, voici dans quel passage. Il se demande, dans le *De Trinitate*, comment certains hommes arrivent à connaître les intentions de leurs semblables. Il cite un acteur, qui ayant promis par devant une foule de spectateurs de connaître par certains procédés leurs pensées et leurs volontés, déclara : « ce que vous voulez tous c'est vendre cher et acheter bon marché ! » (1). — A ces mots tous trouvèrent que c'était bien là leur sentiment et ils applaudirent à l'envi. Pourquoi, ajoute saint Augustin, cet acteur avait-il deviné juste? Sinon parce qu'il est des choses que l'on découvre en soi et que l'on

(1) Saint Augustin, *De Trinitate*, liv. XIII, ch. III (Migne, *Patrologie latine*, t. 42, p. 1018).

peut logiquement supposer chez les autres, la nature étant la même pour tous. Cet acteur en s'observant ou en observant les autres a cru pouvoir dire que vendre cher et acheter à bas prix était commun à tous ! *Sed quoniam revera vitium est potest quisque adipisci justitiam vel alicujus alterius vitii quod huic contrarium est incurrere pestilentiam, quâ huic resistat et vincat. Nam scio ipse hominem, cum venalis codex ei fuisset oblatus, pretiique ejus ignarum et ideo quiddam exiguum poscentem cerneret venditorem, justum pretium, quod multo amplius erat, nec opinanti dedisse* (1). C'est donc un vice de rechercher le gain immodéré, il faut résister à cette mauvaise tendance et imiter cet acquéreur honnête, qui voyant son vendeur ignorer la valeur réelle d'un code et en demander un prix infime, lui paya au juste prix, bien supérieur à celui qui était exigé.

Nous voyons ainsi dégagées avec saint Augustin ces deux notions capitales dans cette étude : l'utilité et la légitimité du commerce et du gain commercial, l'existence du juste prix. Nous allons bientôt les retrouver développées dans les chapitres qui vont suivre.

En terminant ce commentaire des opinions des Pères de l'Église, nous dégageons deux idées très simples :

Se trouvant les premiers héritiers de la doctrine du Christ, les Pères avaient eu presque sous les yeux les exemples du Maître et de ses disciples, aussi ont-ils

(1) Saint Augustin, *De Trinitate*, *loc. cit.*

interprété (du moins la plupart d'entre eux) avec toute l'ardeur des nouveaux convertis les paroles de l'Évangile, ils ont pratiqué plus que la pauvreté : l'ascétisme, aussi leur enseignement s'est ressenti de cette vie de rigueurs. « Quand l'ascétisme, dit M. Espinas, prit la place de cette sereine envie de vivre et de bien vivre, qui avait inspiré l'économie naissante (Aristote et les auteurs grecs), non seulement on regarda comme un péché de s'enrichir beaucoup, mais toute richesse dépassant les besoins de l'individu fut considérée comme suspecte sinon comme coupable, et l'art de s'enrichir fut remplacé par l'art de rester pauvre (1). » Cette affirmation est exagérée, mais ce qui est certain, c'est qu'en considérant au point de vue religieux le rôle de la richesse, les Pères de l'Église ont sans doute reconnu avec plus ou moins d'empressement son utilité, mais plus encore ils en ont perçu les dangers ; acquérir, contracter, posséder, étaient autant d'actes qu'il fallait restreindre à la mesure nécessaire. Le chrétien devait subvenir à ses besoins, mais non amasser au delà : *Nolite thesaurizare in terrâ*. Cette interprétation stricte a même amené certains des Pères à dépasser, ainsi que nous l'avons constaté, la pensée du Christ.

Notons avec cela l'obligation de faire la charité, d'aider le prochain, de nourrir les pauvres, comme dit

(1) Espinas, *Hist. des Doct. écon.*

saint Chrysostome, et nous aurons la seconde partie des devoirs du chrétien dans la doctrine des Pères, le riche est le dispensateur des biens qui lui sont échus en partage.

Dans un tel esprit la recherche de gains, de bénéfices exagérés était naturellement interdite. La notion du juste prix est latente dans les écrits des Pères de l'Église, elle ne fait pas encore l'objet d'un enseignement, il était réservé aux docteurs du Moyen Age de la faire revivre et de la mettre au rang des controverses d'écoles.

CHAPITRE II

EXPOSÉ DE LA THÉORIE DU JUSTE PRIX CHEZ LES THÉOLOGIENS ET CANONISTES DU MOYEN AGE.

§ 1. — La théorie à ses débuts et sous sa forme la plus rigoureuse. — Raymond de Pennafort, Albert le Grand, Saint Thomas d'Aquin.

I. — *Raymond de Pennafort. — Décrétales de Grégoire IX.*

C'est au XIIIe siècle, ainsi que l'indique notre préface, que nous commençons notre étude du Moyen Age. Les divers éléments de la théorie vont se trouver répandus dans les différents ouvrages des maîtres en théologie et en droit canonique, nous aurons à l'y rechercher par fragments. Notre intention est d'étudier d'abord les débuts de la théorie, de constater ses premiers progrès, pour voir ensuite son développement complet. Pour cela nous cesserons de prendre les auteurs un à un et dans un ordre chronologique absolu, nous passerons indifféremment de l'un à l'autre suivant les besoins des développements et l'intérêt de la discussion.

Saint Raymond de Pennafort est le premier docteur canoniste qui nous ait donné une véritable théorie sur le commerce et les prix, encore ne comporte-t-elle pas de longs développements.

C'est au titre VII et au titre VIII du livre II de la *Summa theologica* que nous trouvons exposées les idées de notre auteur.

On le trouve tout d'abord l'esprit prévenu contre la profession de marchand par le texte de l'Évangile où Jésus est représenté chassant les vendeurs du temple « *Ejiciebat vendentes de templo* ». Il donne tout de suite l'explication de cet acte du Christ : le marchand ne peut se livrer au commerce sans se parjurer ou mentir, sa profession n'offre pas de stabilité et elle est soumise à trop de variations, ce qui a une origine mauvaise ne peut produire quelque chose de bien : *mercator sine mendacio et perjurio esse non potest, sed est nec stabilis substantia eorum, neque ad bonum proficit, quod de malo congregatur* (1). Cette appréciation contre les marchands sera faite par beaucoup de nos auteurs et l'interprétation qu'ils tirent de l'Évangile semble bien peu justifiée. Si en effet le Christ a chassé à son entrée dans le Temple les trafiquants qui le remplissaient, ce n'est pas sans doute par mépris pour leur profession elle-même, mais par égard pour le lieu où ils avaient établi leur marché. Le Temple était un lieu de prière, suivant l'expression même du Christ, et ils en avaient fait une caverne de voleurs, c'est-à-dire que sans tenir compte de la sainteté du lieu et n'ayant en vue que la prospérité de leur commerce ils avaient osé poursuivre la clientèle

(1) Raymond de Pennafort, *Summa theologica*, liv. II, titre VII, § V (Edit. Vérone, 1744), p. 210.

jusque dans l'intérieur du Temple. C'est cette inconsciente passion du gain que le Christ a flétrie au nom du respect qui est dû aux choses sacrées. Raymond ajoute que le commerce ne peut se pratiquer sans mensonge ni parjure et au titre VIII à propos de l'usure, il dira encore : il y a négoce permis et négoce illicite : *Inhonesta sunt omnia quæ sine peccato exerceri non possunt ut contractus usurarum, simonia et similia* (1). — Le mensonge est-il donc l'auxiliaire forcé du marchand? Sera-t-il donc toujours obligé pour réaliser des bénéfices, pour vivre, de tromper sa clientèle ? C'est là, nous semble-t-il, un reproche aventuré. Y a-t-il seulement des exceptions ? Raymond n'en indique point, sa malédiction comprend tous ceux qui ne travaillent point ce qu'ils vendent, tous ceux qui n'incorporent pas à la chose une valeur spéciale par leur travail, c'est-à-dire tous les commerçants : *qui vero rem comparat ut illam integram et immutatam vendendo lucretur ille est mercator qui de templo Dei ejicitur* (2).

Il n'excepte que les fabricants : *Quicumque rem comparat non est ipsam rem integram et immutatam vendat sed ut materia sibi sit inde aliquid operandi ille non est negotiator* (3). Au titre huitième où il examine la question au point de vue des clercs, il dit de même : *Non licet clerico emere vilius ut vendat carius ita intelligatur* :

(1) *Summa,* liv. II, tit. VIII. Même édit., p. 217.
(2) *Summa,* liv. II, tit. VII. V. p. 210.
(3 *Summa,* liv. II, t. VII. V. p. 210. (Dans ce passage, Pennafort ne fait que reproduire l'opinion de Jean Chrysostome.)

si ejus intentio est, ut vendat carius in eadem formâ, sed ut vendat carius mutatâ formâ bene potest: puta emit tabulos ut faceret scrinium, aut cartas ut scriberet libros (1). Enfin au titre septième Raymond nous donne un exemple : *Quicumque tempore messis vel vendemiæ, non necessitate, sed propter cupiditatem comparat annonam, vel vinum, verbi gratia de duobus denariis comparat modium unum et servat usque dum vendatur denariis quatuor, aut sex aut amplius hoc turpe lucrum dicimus* (2). Ainsi acheter au temps de la moisson une provision de blé pour la revendre plus tard un prix plus élevé, c'est-à-dire avec espoir de bénéfice c'est là un calcul honteux. Il convient de noter, d'ailleurs, que la faute vient de la seule intention, car Raymond ajoute : *Secus si aliquis propter necessitatem emat et postea non indiget sicut credebat hic potest licite vendere, prout communiter venditur in foro, licet vendatur carius quam emerit* (3). Ainsi le particulier qui achète pour ses besoins personnels et qui se trouve revendre ensuite plus cher comme malgré lui et parce que les prix sont plus élevés, peut légitimement profiter de cette hausse des prix, c'est en quelque sorte un gain tombé du ciel.

Il semble bien ressortir de ces différents passages que Raymond de Pennafort a méconnu le rôle du commerçant, il n'a point compris cette fonction sociale de l'in-

(1) *Summa*, liv. II, t. VIII. Même édit., p. 217.
(2) Liv. II, t. VII, § V, p. 211.
(3) *Summa*, liv. II, t. VII, § V, p. 211.

dividu, qui achète une quantité de produits au moment de leur apparition, les conserve chez lui et les tient ensuite à la disposition de ses concitoyens suivant les besoins des temps. Il n'a point vu la légitimité de la rémunération, qui s'applique aux frais d'acquisition, aux frais de transport, aux frais de conservation, aux frais de mise en vente ; il n'a point compris qu'en servant d'intermédiaire entre le producteur et le consommateur et en mettant le produit à la disposition de celui qui en a besoin, le commerçant fait œuvre laborieuse qui mérite salaire. Saint Raymond ne paraît d'ailleurs avoir en vue que le commerce intérieur et il a peut-être une excuse à le juger aussi sévèrement, c'est qu'il le connaît mal ; à l'époque où il vivait, le commerce était peu développé, on échangeait plutôt produits contre produits, le grand commerce ne devait naître que plus tard au XVe siècle. Le véritable trafic d'alors se faisait avec l'extérieur et il est probable que Raymond de Pennafort comme tous les canonistes devait lui être plus clément.

Le prix d'après le rédacteur des *Décrétales* n'est donc juste et légitime, qu'autant que le vendeur transfère à l'acheteur la propriété de l'objet de la vente au prix qu'il lui aura à lui-même coûté : une pareille théorie conduirait à la négation de tout commerce. C'est d'ailleurs au seul point de vue du commerce que notre auteur a traité la question des prix dans la *Somme théologique*, il n'a pas fait mention du cas de la vente directe du producteur au consommateur.

Avec la *Somme*, nous devons aussi à Raymond de Pennafort la rédaction des *Décrétales*, recueillies sous le pontificat de Grégoire IX. Il est donc naturel d'examiner maintenant les passages du recueil qui traitent du juste prix.

C'est au titre XVIIe *de emptione et venditione* que sont classés les canons relatifs au juste prix.

Le canon III nous dit : *la vente est valable bien que le vendeur ait éprouvé une lésion supérieure à la moitié du juste prix, cependant le vendeur peut demander le supplément de ce juste prix et si l'acheteur refuse, il peut demander la restitution de l'objet vendu.* Ceci résulte d'une lettre d'Alexandre III à l'évêque d'Arras sur une contestation, qui s'était élevée entre les chanoines de Beauvais et les religieux de l'abbaye de Charlieu. Le doyen de Reims avait été premier juge du différend et d'après les témoins cités par les chanoines de Beauvais, il avait été établi que les religieux de Charlieu avaient acheté une forêt pour une somme inférieure au juste prix ; le doyen prononça la rescision de la vente et remit les chanoines en possession. Le pape fut sollicité de confirmer la sentence par les chanoines, mais après en avoir délibéré avec des hommes de loi il la cassa, pensant que le choix devait être laissé à l'acheteur de suppléer le juste prix ou de renoncer à la vente (1).

Une décision du pape Innocent III, s'adressant à l'évê-

(1) V. *Décret. Grégoire IX*, liv. III, tit. XVII, c. III (Friedberg, Leipzig, 1879).

que et à l'archidiacre d'Urbinum, est dans le même sens ; il s'agit d'une contestation entre l'économe du monastère de Saint-Martin de Viterbe et les citoyens de la ville ; l'acheteur peut ou restituer la chose en recouvrant le prix, ou donner le supplément du juste prix et garder l'objet de la vente (1).

Ces textes ne nous apprennent rien sur les éléments du juste prix, ils nous montrent seulement que la théorie était alors incorporée à la doctrine de l'Église, qu'elle prenait place dans les canons.

Le juste prix s'imposait donc dès lors dans les achats et ventes, c'était la règle des contractants, nous ne trouvons qu'un cas prévu par les *Décrétales*, et qui y fasse exception : c'est le cas d'une vente où le paiement doit avoir lieu postérieurement au contrat (vente à crédit). Lorsque la vente est faite dans ces conditions, le vendeur ne doit pas, suivant le canon VI du titre XIX *de usuris* (livre V), demander un prix supérieur à celui qu'il aurait demandé dans une vente au comptant, il y aurait dans ce fait un gain coupable. Toutefois cette exigence peut se justifier sous deux conditions : la première c'est qu'il y ait doute sur la stabilité de valeur de la chose, le vendeur prévoyant qu'à l'époque du paiement elle aura une valeur plus grande (2). La seconde c'est que le vendeur ne soit pas décidé à vendre : c'est ce qu'écrivait Alexandre III à l'archevêque de Genève :

(1) *Décrétales*, liv. III, tit. XVII, c. VI.
(2) V. *Décrét.*, liv. V, tit. XIX, c. VI.

Licet autem contractus hujus modi ex tota forma non possit censeri nomine usurarium, nihilominus tamen venditores peccatum incurrunt, nisi dubium sit merces illas plus minusve tempore solutionis valituras. Et ideo cives tui bene suo saluti consulerent si a tali contractu cessarent, quum cogitationes hominum omnipotenti Deo nequeant occultari. La même décision se retrouve au canon XIX du présent titre : *Ratione hujus dubii etiam excusatur qui pannos, granum, vinum, oleum vel alias merces vendit ut amplius quam tunc valeant in certo termino recipiat pro eisdem, si tamen eo tempore contractus non fuerit venditurus* (1). C'est cette même raison que nous avons notée dans la *Somme* de Raymond de Pennafort : l'intention est tout dans la faute : ici le vendeur dépasse le taux du juste prix sans le vouloir, il n'avait pas l'intention de se défaire de son produit, on lui demande à acheter pour le payer plus tard, il y consent, le prix sera celui de la denrée à l'époque du paiement, car on suppose qu'elle augmentera de valeur, si effectivement il y a bénéfice c'est un heureux effet du sort, mais il n'est pas intentionnel.

Ces textes sont les seuls qui se rapportent vraiment à notre sujet ; d'autres passages des canons traitent sans doute du gain illégitime, mais considéré proprement comme usure et cet examen nous ferait sortir de notre champ d'études.

(1) *Décrét.*, liv. V, tit. XIX, c. XIX.

II. — *Albert le Grand. — Saint Thomas d'Aquin.*

A. *Raisonnement philosophique.* — Avec Albert le Grand et saint Thomas nous retrouvons les idées d'Aristote : l'un et l'autre ont commenté la *Morale,* nous allons jeter un coup d'œil sur les deux commentaires, les idées fondamentales nous sont déjà connues, mais ce travail est utile pour dégager les remarques personnelles et l'opinion des commentateurs.

C'est au livre V traité II que nous trouvons dans l'*Ethique* d'Albert le Grand ce qui touche notre sujet. Il traite dans ce livre de la justice commutative et parle de cette réciprocité proportionnelle objet du chapitre V du même livre d'Aristote. Cette justice proportionnelle qui exige un traitement de réciprocité entre les individus, Albert le Grand la désigne par un mot nouveau que nous trouvons aussi dans saint Thomas : le *contrapassum* et qui peut signifier le talion. Avec le stagyrite Albert le Grand déclare que la justice proportionnelle ne peut servir de règle que dans les circonstances où les hommes se trouvent libres et égaux entre eux et particulièrement dans les contrats d'échange : *Talis enim commutatio in politicis continetur per hoc justum quod vocatur contrapassum, et si hoc justum non sit dissolvitur commutatio civium* (1). Il faut qu'entre tous les membres d'un même État il y ait égalité de traitement, tout le

(1) Albert le Grand, *Ethique,* liv. V, traité II, ch. IX (*Opera omnia,* Lugduni, 1651). V. Tome IV, p. 201 (Bibl. Nat. Inv. D. 97).

bien qu'un individu apporte à la société il doit le retrouver ; pour le mal un raisonnement identique doit lui permettre s'il en reçoit de le rendre à ses concitoyens : c'est le talion. *Hoc autem probatur : quia quilibet in civitate quærit aut quod male passus est in civitate aut quod bene. Qui enim male passi sunt, quærunt quod et illi male patiantur a quibus male passi sunt, quia si non contrapatiantur qui male fecerunt, non urbanitas, sed servitus est illis qui male passi sunt, quod scilicet ad voluntatem aliorum mala sustineant sicut servi sustinent a dominis. Urbanitas autem servitus non est sed libertas et democratia quædam. Si ergo per legem faciens contrapati cogatur secundum proportionem quam diximus, civitas in una libertate communicationis salvatur et commanet ; et hoc debet intendere politicus. Si autem quærunt quod bene passi sunt et tunc quærunt eos a quibus bene passi sunt, ut per retributiones et gratiarum actiones proportionnaliter omnia faciant eis. Si autem hoc non fiat, tunc retributio justa non fit* (1). Au point de vue particulier des échanges la règle des réciprocités doit s'observer avec autant de raisons et la difficulté de cette observation est d'autant plus grande que les choses échangées sont plus diverses, on a donc eu recours à cette commune mesure dont parle aussi Aristote et qui est la monnaie : *Nihil prohibet opus unius melius esse quam opus alterius et magnam habere differentiam secundum labores et expensas. Commutatio autem*

(1) *Ethique*, liv. V, traité II, ch. IX. V. même édition, Tome IV, *loc. cit.*

non fit nisi in æqualitate proportionis. Oportet igitur ea quæ differentia sunt, æquari ad proportionem. Proportionnari autem non possunt quæ in uno conveniunt : linea enim ad proportionem valorem non habet ; et si ita in se accipiuntur substantia lacti et substantia domus nunquam proportionnari possunt. Oportet igitur quod ista accipiantur non absoluta sed comparata aliqualiter ad valorem secundum indigentiæ usum, et aliter non erit commutatio ipsorum quia igitur ista secundum comparationem ad valorem, secundum usum indigentiæ accipiuntur numisma inventum est, quod numero per additionem et minutionem mensura uniuscujusque est : et ideo numisma aliqualiter medium fit quo omnia alia proportionnantur (1). La conclusion d'Albert le Grand est donc celle d'Aristote : la base des échanges c'est la réciprocité de services.

Saint Thomas dans son *Commentaire à l'Ethique* développe les mêmes idées et arrive à la même démonstration. Pour lui comme pour Aristote, la règle des échanges c'est le *contrapassum* : *Dicit ergo quod in commutationibus commutativis verum est quod tale est justum, quod continet in se contrapassum non quidem secundum æquilitatem, sed secundum proportionnalitatem* (2). Et il faut remarquer, ajoute le docteur, que dans la justice commutative ce qui *caractérise le contrapassum c'est toujours l'égalité des choses échangées, non l'égalité de l'acte et du résultat éprouvé.* C'est ce qui a lieu dans une cité où

(1) V. *loc. cit.*, p. 202.

(2) Saint Thomas, *Commentaire à l'Ethique*, liv. V, leç. VIII (*Opera omnia*, Parme, 1866). V. Tome XXI, p. 170.

cohabitent des citoyens exerçant différentes professions. Pour que les différents ouvrages des artisans arrivent à s'équivaloir et que les échanges aient lieu, il faut trouver entre les différents objets un moyen de comparaison afin que l'on sache ce qui vaut le plus et ce qui vaut le moins, c'est pour cela qu'on a eu recours à la monnaie qui sert à déterminer le prix des choses. Voilà encore la monnaie avec le rôle que nous lui connaissons, elle mesure, elle représente les services échangés de part et d'autre. Saint Thomas est bien encore sur ce point d'accord avec Aristote : *Hoc autem unum quod omnia mensurat secundum rei veritatem est indigentia quæ continet omnia commutabilia in quantum omnia referuntur ad humanam indigentiam : non enim appreciantur secundum dignitatem naturæ ipsorum : alioquin unus mus quod est animal sensibile, majoris pretii esset quam una margarita, quæ est inanimata* : sed rebus pretia imponuntur secundum quod homines indigent eis *ad suum usum. Et hujus signum est quod si hominis nullo indigerent, id est non his rebus non esset eadem commutatio, quia non darent id quod habent pro eo quo non indigerent* (1). Retenons cette phrase : *pretia imponuntur secundum quod homines indigent.* Saint Thomas est ici disciple fidèle d'Aristote ; le besoin fait le prix. Il semble ici avoir été plus loin qu'il ne le voulait dans sa fidélité à suivre le grand philosophe, cette idée en effet

(1) *Commentaire à l'Ethique*, liv. V, leçon IX. Même édition, Tome XXI, p. 172.

est assez contraire à celle qu'il émettra et après lui tous les autres canonistes, sur le juste prix. Albert le Grand comme saint Thomas nous paraissent s'être laissé séduire par la théorie aristotélicienne de la justice commutative et n'avoir pas bien prévu les résultats, qu'ils ne devaient pas approuver ; sans doute Aristote voulait l'égalité entre les échangistes, mais cette égalité pouvait s'établir de deux façons : ou les échangistes seraient égaux en efforts fournis, en travail incorporé aux objets du contrat : équivalence en travail ; ou ils seraient égaux par le résultat obtenu, par l'utilité des objets produits : équivalence en utilité. De ces deux bases d'égalité Aristote a choisi la seconde, avec son sens pratique, il a pensé que dans une société libre c'était elle qui s'imposerait. Sa justice commutative n'en était pas moins satisfaite car ce qu'il cherchait c'était à maintenir l'équilibre entre les individus, entre les éléments de la société et il se place à un point de vue tout positif, tout humain : faire vivre la société, la faire subsister. Le docteur angélique, au contraire, est mû par une pensée morale, le raisonnement d'Aristote paraît donc en définitive mal le servir, car si les prix se règlent *uniquement par le besoin*, plus le besoin sera impérieux, plus les prix seront élevés et inversement. Or c'est là, comme nous le verrons, une conclusion que repoussent saint Thomas et les canonistes. Leur école nous paraît donc avoir en quelque sorte fait une sélection dans le raisonnement d'Aristote, elle en a admis les prémisses, à savoir la nécessité d'une égalité dans les contrats, mais elle s'est gardée de souscrire aux conclusions, ou tout au moins de les admettre entièrement.

Cette égalité à observer dans les contrats est essentielle pour saint Thomas; il l'affirme de nouveau dans la question soixante et unième de la *Summa theologica* (2ª 2æ) où nous trouvons un exposé philosophique du sujet fort intéressant. Dans une question précédente le docteur angélique parle de la justice et la définit : *perpetua et constans voluntas jus suum unicuique tribuendi* (1). Être juste c'est donc rendre à chacun ce qui lui est dû. Mais la justice revêt deux formes : la justice distributive en vertu de laquelle les biens communs sont répartis suivant une certaine proportionnalité et la justice commutative dont les règles régissent l'homme dans les conventions réciproques : saint Thomas s'occupe alors spécialement de la justice commutative. Ici la répartition entre les individus ne se fait point comme dans la justice distributive, celle-ci permet que l'on ait égard à la qualité des personnes, l'autre ne le permet nullement, les parties sont sur un pied parfait d'égalité, les produits échangés devront être d'une valeur égale pour rendre *unicuique quod suum est* (2) ; la justice exige ici l'égalité réelle, *æqualitas dati et accepti*, d'après la valeur réelle de la chose et non l'égalité morale

(1) *Summa*, 2ª 2æ, quest. LVIII, art. 1.V. *Opera omnia*. Même édition, Tome III, p. 213.

(2) *Summa*, q. LVIII, 2ª 2æ, art. XI. V. même édit. Tome III, p.219.

qui se détermine d'après les personnes et les circonstances : *In commutationibus redditur aliquid alieni singulari personæ propter rem ejus quæ accepta est ut maxime patet in emptione et venditione in quibus prius invenitur ratio commutationis, et ideo oportet* adæquari rem rei *ut quando iste plus habet quam suum sit de eo quod est alterius, tantumdem restituat ei cujus est* (1).

Et pour renforcer son raisonnement saint Thomas revient à cette idée du *contrapassum* d'Aristote : *Videtur quod justum sit simpliciter idem quod contrapassum. Judicium enim divinum est simpliciter justum. Sed hæc est forma divini judicii ut secundum quod aliquis fecit patiatur, secundum illud Matthei* (7-2). *In quo judicio judicaveritis, judicabimini et in qua mensura mensi fueritis, remetietur vobis. Ergo justum est simpliciter idem quod contrapassum* (2). Dans les échanges et en général dans toutes les conventions chaque partie doit donc éprouver elle-même ce qu'elle fait éprouver à son semblable *contra pati*. De même aussi, continue le docteur angélique, dans les échanges volontaires il n'y aurait pas égalité de charges, si quelqu'un donnait sa chose en échange de celle d'autrui, lorsque celle-ci a une valeur beaucoup plus grande que la première. C'est pourquoi il importe dans les échanges volontaires d'égaliser la charge avec le profit (*passionem actioni*) au moyen d'une estimation proportionnelle, c'est pour faire cette

(1) *Summa*, q. LXI, 2a 2æ, a. 2. V. Tome III, p. 228.
(2) *Summa*, 2a 2æ, quest. LXI, a. IV. V. *loc. cit.*, p. 229.

estimation que l'on a recours aux monnaies. Et ainsi le *contrapassum* est le juste commutatif.

Voilà bien le principe de l'égalité dans l'échange, tel que nous l'avons vu formuler par Aristote, les deux prestations doivent s'équivaloir, mais quelle sera la commune mesure, nous examinerons cette question dans un prochain paragraphe. Nous voulons exposer auparavant ce que nous appellerons le raisonnement théologique de saint Thomas.

B. *Raisonnement théologique*. — 1° *Achat et vente*. — C'est à la question LXXVII, 2ª2æ, que saint Thomas pose les principes de sa doctrine canonique en matière de vente. Il ne se base plus alors sur ce qu'on pourrait appeler un raisonnement profane, mais il raisonne en théologien. Il oppose même les arguments du juriste chrétien à ceux du juriste païen.

Tout d'abord il constate que d'après les lois civiles il est toléré que les parties, vendeur et acheteur, se fraudent réciproquement dans une certaine mesure, ainsi le Code romain n'autorise la rescision qu'au cas où la lésion dépasse la moitié du prix réel. Ceci qui est commun à tous, ajoute le grand docteur, paraît naturel et n'être pas un péché. Cependant cette licence est contraire au précepte de l'Évangile : *Sed contra est quod dicitur* (Mattheus, 7-12) *omnia quæcumque vultis ut faciant vobis homines et vos facite illis*. Or personne ne désire acheter une chose plus cher qu'elle ne vaut : *Sed nullus vult sibi rem vendi carius quam valeat. Ergo nullus debet alteri vendere rem carius quam valeat* (1), personne ne doit donc chercher à vendre une chose au delà du prix véritable. Et celui qui cherche à vendre une chose au delà de ce prix commet une faute : *Fraudem adhibere ad hoc quod aliquis plus justo pretio vendatur, omnino peccatum est in quantum aliquis decipit proximum in damnum ipsius* (2). Plus loin saint Thomas ajoute : La loi humaine est faite pour le peuple et celui-ci comprend beaucoup d'individus qui sont éloignés de la vertu. Aussi la loi humaine n'a pu interdire tout ce qui est contraire à la vertu. Elle prohibe seulement ce qui détruirait la société, quant au reste elle le regarde comme licite, non pas qu'elle l'approuve, mais elle ne le punit pas... Mais la loi divine ne laisse rien d'impuni de ce qui est contraire à la vertu. Aussi n'est-il pas permis suivant la loi divine d'enfreindre une stricte égalité dans l'achat ou la vente, et s'il y a eu un notable dommage, celui qui en a bénéficié est tenu de dédommager celui qui en a souffert (3).

Voici donc le principe posé : dans le contrat de vente c'est une faute pour le vendeur de chercher à obtenir un prix supérieur à la valeur de l'objet vendu et c'est une faute pour l'acheteur de chercher à acquérir pour un prix inférieur à cette même valeur, ce principe dé-

(1) *Summa*, 2a2æ, q. LXXVII, a. 1. V. *Opera omnia*. Tome III, pages 275-276.

(2) *Summa*, 2a2æ, q. LXXVII, a. 1. *Loc. cit.*, p. 276.

(3) V. q. LXXVII, a. 1. Tome III, p. 276.

coule de la parole déjà citée : *Omnia quæcumque vultis ut faciant vobis homines et vos facite illis* ! C'est la même règle sous une formule différente que celle qui prescrit à l'acheteur et au vendeur de traiter sur un pied d'égalité. Le vendeur ne doit exiger de l'acheteur qu'une somme d'argent correspondant à la valeur réelle de la chose, et l'acheteur de son côté ne doit pas chercher à donner un prix inférieur à cette valeur. La sanction de l'une ou l'autre infraction c'est la restitution de la valeur en plus ou en moins. La règle est d'ailleurs si bien la même que saint Thomas arrive à l'énoncer dans des termes à peu près identiques à ceux dont nous venons de nous servir en disant que les parties doivent traiter sur un pied d'égalité : *De emptione et venditione dupliciter loqui possumus : uno modo secundum se et secundum hoc emptio et venditio videtur esse introducta pro communi utilitate utriusque... quod autem pro communi utilitate inductum est non debet esse magis in gravamen unius quam alterius, et ideo debet secundum æqualitatem rei inter eos contractus institui* (1). Voilà bien certes le véritable énoncé du principe d'égalité dans la vente.

Cette règle n'admet-elle pas de tempéraments ? Au contraire, l'auteur de la *Somme* les signale aussitôt : *Quanquam emere quidpiam vilius quam valeat, seu vendere carius, secundum se illicitum et injustum sit potest tamen per accidens secundum conditiones ementis ac vendentis, et illorum indigentiam licite aliquid carius*

(1) *Summa*, 2a 2æ, q. LXXVII, a. I. V. Tome III, p. 276.

vendi ac vilius emi quam secundum se valeat : *semper autem peccatum est ubi aliqua circa hoc fraus contigerit* (1). Il y a des exceptions au principe mais *secundum conditiones ementis ac vendentis* et à une condition formelle c'est que la fraude soit complètement absente, on ne peut toucher au principe qu'en toute loyauté. Il nous faut insister sur ces exceptions. Remarquons tout d'abord que saint Thomas fait ses réserves : *per accidens,* accidentellement, dans des circonstances spéciales on pourra ne pas se tenir au juste prix, la règle essentielle n'est donc pas détruite, elle conserve toute son autorité. Saint Thomas prend même soin de la fortifier. Lorsqu'on envisage le contrat de vente au point de vue général *pro communi utilitate*, le principe d'égalité dans les contrats est le guide invariable; après comme avant le contrat, l'égalité doit exister entre les contractants, la vente ne doit pas rompre cette égalité, le patrimoine des parties subit une variation, un changement, dans sa composition, dans sa nature, mais non dans sa valeur. Ainsi donc les seules raisons de faire exception au principe sont des raisons de personnes : *secundum conditiones ementis et vendentis.*

Quelles sont donc ces exceptions? Elles sont déterminées : *secundum quod* (*venditio*) *cedit per accidens in utilitatem unius et detrimentum alterius*; *puta quum aliquis multum indiget habere rem aliquam et alius læditur, si ea*

(1) V. *loc. cit.* Tome III, p. 276.

careat; et in tali casu justum pretium erit ut non solum respiciatur ad rem quæ venditur, sed ad damnum quod venditor ex venditione incurrit. Et sic licite poterit aliquid vendi plus quam valeat secundum se, quamvis non vendatur plus quam valeat habenti (1). Le prix des choses peut donc varier en raison du besoin d'un des contractants et de la privation de l'autre. Si nous supposons par exemple qu'un acheteur X... veut d'une façon très ferme se rendre acquéreur d'un cheval qui lui sera très utile, mais qui rend aussi des services à Y..., celui-ci pourra, n'étant point d'ailleurs disposé à se séparer de son cheval, en demander un prix supérieur à sa valeur réelle, il se fera ainsi dédommager de la privation qui résulte pour lui de la vente. Le prix sera donc supérieur au *justum pretium*, il comprendra l'équivalent du juste prix, plus l'équivalent de la privation du vendeur : *poterit vendi plus quam valeat secundum se quamvis non vendatur plus quam valeat habenti*. Mais il faut bien remarquer que si le vendeur n'éprouvait aucune privation de la vente de sa chose, il ne pourrait demander un prix supérieur à sa valeur, ce serait une exploitation illicite des besoins de l'acheteur.

A l'article IV de la question LXXVII où saint Thomas traite du gain commercial, nous trouvons encore plusieurs exceptions à la règle. Le grand docteur excepte du blâme qu'il a infligé aux commerçants les particu-

(1) V. *loc. cit.* Tome III, p. 276.

liers qui ayant acheté pour leurs besoins se voient ensuite dans la nécessité de vendre, le prix de cette vente fût-il plus élevé que le prix du premier achat : *Non quicumque carius vendit aliquid quam emerit negociatur. sed solum qui ad hoc emit ut carius vendat. Si autem emit rem non ut vendat, sed ut teneat, et postmodum propter aliquam causam, eam vendere velit, non est negotiatio quamvis carius vendat. Potest enim hoc licite facere, vel quia* in aliquo rem melioravit, vel quia pretium rei est mutatum, *secundum diversitatem loci, vel temporis,* vel propter periculum cui se exponit transferundo *rem de loco ad locum, vel eam ferri faciendo. Et secundum hoc nec emptio nec venditio est injusta* (1).

Il y a donc à distinguer trois cas : le vendeur a amélioré l'objet qu'il met en vente durant sa possession, il se dédommage alors de ses dépenses — le vendeur s'indemnise des frais de transport — enfin des raisons de temps, de lieu ont modifié la valeur de l'objet. Ce dernier point se trouve plus développé au chapitre VIII de l'opuscule *De usuris.* Dans ce chapitre le docteur angélique cite les cas où le contrat de vente se trouve entaché d'usure, il donne un exemple : on vend un produit à une époque donnée, il sera payé plus tard, si la somme demandée est supérieure à la valeur de l'objet au moment du contrat le contrat est usuraire et saint Thomas le condamne. Mais l'augmentation du prix peut être justifiée par ce fait que l'objet lui-même a aug-

(1) *Summa,* 2a 2æ, q. LXXVII, a. IV. V. Tome III, p. 279.

menté de valeur, et alors le crédit n'est pas seul cause de ces variations, ceci peut se présenter dans trois cas : *propter ipsarum rerum paucitatem et abundantiam : sicut bladum magis abundat in autumno quam in vere — alio modo ex ipsarum rerum natura quæ secundum tempus recipiunt incrementum valoris — ex natura rei relatæ ad loci conditionem* (1). Dans ces différents cas il n'y a donc pas usure, mais saint Thomas ajoute aussitôt: *Est tamen advertendum quod in his contractibus licet excusari possint a vitio usuræ, tamen non excusentur omnino a vitio cupiditatis propter quod dicitur in canone turpe lucrum... quia tales contractus non fiunt ut in pluribus propter vitæ humanæ necessitatem seu utilitatem sed magis propter divitiarum augmentationem, quam cupiditas facit* (2). Le docteur angélique paraît ici partager l'opinion de Raymond de Pennafort, que nous avons signalée plus haut, c'est à l'intention qu'il juge de la faute. Si donc le contrat a été passé « *propter vitæ necessitatem seu utilitatem* » « *non ut emat sed ut teneat* » il n'y aura pas de faute commise. Mais il y a faute si l'on vise le profit : « *propter divitiarum augmentationem* ».

En dehors de ces différentes espèces et sauf ce qui sera dit plus loin pour le gain commercial, les parties doivent se tenir au juste prix, à la valeur que la chose

(1) Opuscule *De usuris*, quest. LXVI, chap. VIII. Même édition, Tome XVII, p. 421.

(2) Opuscule *De usuris*, quest. LXVII, chap. VIII. V. *eod. loc.*

possédait lorsqu'elle est entrée dans le patrimoine du vendeur. Remarquons quelle importance est attachée à l'intention. Saint Thomas admet qu'un particulier revende plus cher pour se couvrir des frais de transports ou parce que la valeur de l'objet a changé pour différentes raisons, c'est précisément ce qui légitime le gain du commerçant. Voilà donc un bénéfice qui sera permis au particulier et refusé (sauf quelques cas exceptionnels, nous allons le voir) au commerçant pour cette seule raison que le premier à l'inverse de l'autre n'a pas eu l'intention de gagner, c'est une augmentation de son patrimoine qui lui arrive comme malgré lui et sans qu'il l'ait cherchée.

2° *Le gain commercial.* — Nous devons maintenant étudier le jugement de saint Thomas sur les commerçants, il ne devait pas leur être favorable si l'on en juge par une première remarque qu'il laissait échapper à la question LVIII, 2ª 2æ : Il faut dire, comme le remarque Aristote au chapitre V de l'*Ethique*, que tout ce qui est superflu dans les actes que règle la justice s'appelle le lucre, de même que tout ce qui est en moins s'appelle dommage. Et ces expressions s'emploient surtout quand il s'agit d'échanges volontaires où les règles de la justice se sont appliquées tout d'abord et s'appliquent communément, ainsi dans l'achat et la vente où ces expressions sont consacrées (1).

(1) *Summa*, q. LVIII, 2ª 2æ, a. XI. Même édition, Tome III, p. 220.

L'opinion motivée du grand docteur se trouve à la question LXXVII, la question est ainsi posée : *Utrum liceat negotiando aliquid carius vendere quam emere?*

Au début de la discussion, saint Thomas cite saint Jérôme, puis Jean Chrysostome qui condamne le gain commercial en rappelant que le Christ a chassé les vendeurs du temple ; il cite encore saint Augustin dont l'opinion est que le commerce n'a rien d'illicite. Quel parti va-t il prendre en face de ces deux appréciations? Il a recours au philosophe dont il aime tant à s'inspirer; il faut distinguer comme Aristote deux sortes de commerce, d'échanges : *Una quidem quasi naturalis et necessaria per quam scilicet fit commutatio rei ad rem, vel rerum et denariorum, propter necessitatem vitæ. Et talis negotiatio non pertinet ad negotiatores, sed magis ad œconomicos vel politicos, qui habent providere vel domui, vel civitati de rebus necessariis ad vitam. Alia vero commutationis species est vel denariorum ad denarios, vel quarumcumque rerum ad denarios non propter res necessarias vitæ, sed propter lucrum quærendum. Et hæc quidem negotiatio proprie videtur ad negotiatores pertinere* (1). La première espèce d'échanges est louable selon le philosophe *quia deservit naturali necessitati. Secunda autem juste vituperatur quia quantum est de se deservit cupiditati lucri, quæ terminum nescit sed infinitum tendit. Et* ideo negotiatio secundum se considerata

(1) *Summa*, 2ª 2æ, q. LXXVII, a. IV. V. Tome III, p. 279.

quamdam turpitudinem habet : *in quantum non importat de suâ ratione finem honestam vel necessariam.* On reconnaît bien là, en effet, la distinction d'Aristote entre l'économie (l'art d'acquérir) naturelle et l'économie artificielle. Pour lui l'acquisition de biens était dans l'ordre de la nature : lorsque le but unique était de procurer les choses nécessaires à la vie, cette acquisition était limitée par le besoin de l'homme, lorsque le besoin était satisfait, l'acquisition prenait fin. L'homme primitif n'eut d'abord d'autre but lorsqu'il pratiqua l'échange, il troquait ce qu'il avait contre ce qui lui manquait. Mais bientôt un autre mode d'acquérir succéda au premier : on voulut échanger avec bénéfice pour conserver ensuite et pour amasser, ce ne fut pas le besoin immédiat qui fut le seul mobile, mais le désir de gagner. Une chose en effet, dit Aristote, est susceptible de deux emplois : une chaussure, par exemple, peut être employée pour chausser les pieds ou comme objet d'échange, si on la destine à l'échange on la détourne de son emploi spécial, c'est un procédé d'acquisition non naturelle que l'emploi de l'argent va singulièrement faciliter, car tandis qu'on ne peut conserver indéfiniment une provision de denrées, de produits qui ont été amassés au delà des besoins on peut aisément conserver une quantité quelconque de monnaie. Cette acquisition non naturelle n'a donc pas de limites par opposition à la première qui est limitée par le besoin.

Cette distinction est fragile. Quelle sera la ligne de

démarcation entre le caractère naturel et le caractère non naturel, quand donc une acquisition cessera-t-elle d'être suivant la nature pour devenir contre la nature? Après la satisfaction des besoins? Mais ne peut-on dire qu'en achetant plus qu'il n'est nécessaire pour les besoins présents, l'acquéreur pense au besoin futur et par conséquent fait simplement œuvre de prévoyance sans sortir de l'ordre naturel. Le bénéfice, le gain que cherche l'acquéreur ne répond-il pas à un besoin futur?

Ce n'est certes pas le caractère de la chose à venir qui empêche la satisfaction prévue d'être tout aussi naturelle que la satisfaction présente d'un besoin.

C'est une œuvre bien aventurée que de classer aussi rigoureusement les échanges et le commerce, ils répondent toujours à des exigences, à des aspirations de la nature. On peut dire sans doute que cette préoccupation du gain aboutit parfois chez l'homme à l'avarice, à l'amour des richesses pour elles-mêmes et non pour le développement de la personne humaine qu'elles doivent procurer! On peut ajouter que le dernier terme de ce gain sans cesse recherché et sans cesse augmenté sera l'abondance, l'opulence, que cet état ne répond plus alors à la satisfaction de besoins réels, mais qu'au contraire souvent il développe ce qu'on peut appeler des besoins factices et tous les vices qui leur font cortège. Ces dernières conséquences sont sans doute celles qu'a entrevues saint Thomas. Aristote s'était placé au point de vue essentiellement naturaliste, il blâmait l'économie non naturelle parce que ses procédés d'acquisition lui paraissaient, à tort ou à raison, n'être pas conformes à leur nature, mais il excluait toute considération morale. Saint Thomas, au contraire, fait œuvre de moraliste : *Ideo negotiatio secundum se considerata quamdam turpitudinem habet, in quantum non importat secundum se finem honestam vel necessariam* (1). Aristote n'a nullement qualifié de honteuse l'une ou l'autre manière d'acquérir, il a simplement fait œuvre descriptive, le docteur angélique voulait, lui, aboutir à un enseignement moral ; il a tiré des conséquences que les paroles du maître ne contenaient pas ! Le mot naturel pouvait d'ailleurs être pris dans une acception différente par saint Thomas et par Aristote. Le philosophe de Stagyre se plaçait au point de vue exclusivement humain et profane, aussi est-il mal venu, du moins nous le pensons, à qualifier d'anti-naturel le désir d'acquérir sans limites ; mais saint Thomas, docteur de l'Église, a pu distinguer dans l'homme les penchants naturels, ceux qui dérivent de la nature, lorsqu'elle n'est pas viciée par le péché, des penchants non naturels, ceux qui sont inspirés à l'homme par un sentiment coupable.

Quoi qu'il en soit de cette remarque incidente, une chose demeure c'est qu'il n'est pas licite de vendre plus cher qu'on achète, le marchand ne doit donc pas, au moment de la revente, dépasser le juste prix à l'époque du premier contrat. Saint Thomas va peut-être encore plus

(1) *Summa*, 2a 2æ, q. LXXVII, a. IV. V. Tome III, p. 279.

loin que Raymond de Pennafort dans son aversion pour le commerce puisqu'il lui trouve quelque chose de honteux en soi. Ce jugement serait sévère s'il n'était tempéré par les développements qui vont suivre et qui le modifient sérieusement : *lucrum tamen quod est negotiationis finis etsi in sua ratione non importat aliquid honestum, vel necessarium nihil tamen importat in sui ratione vitiosum vel virtuti contrarium*. La recherche du gain commercial se trouverait ainsi placée entre le bien et le mal ; l'intention du commerçant pourra même en faire un acte recommandable et rendre le commerce parfaitement permis. *Unde nihil prohibet lucrum ordinari ad aliquem finem necessariam vel etiam honestam. Et sic negotiatio licita redditur*... (1).

Quels sont donc les cas où l'excellence de l'intention innocente l'acte ? *Sicut quum aliquis lucrum moderatum quod negotiando quærit*, ordinat ad domus suæ sustentationem, *vel etiam ad* subveniendum indigentibus, *vel etiam quum aliquis intendit negotiationi* propter publicam utilitatem, *ne res necessariæ ad vitam patriæ desint et lucrum expetit non quasi finem sed quasi stipendium laboris* (2).

Saint Thomas admet donc le commerce lorsque le négociant se propose de subvenir aux besoins de sa famille, de secourir les pauvres, de servir sa patrie. Il résulte de ces exceptions que le commerçant pourra

(1) *Summa*, 2a 2æ, q. LXXVII, a. IV. V. Tome III, p. 279.
(2) *Summa*, 2a 2æ, q. LXXVII, a. IV. V. *eod. loc.*

seulement chercher à gagner, à réaliser des bénéfices quand son but sera désintéressé : pour la patrie, pour les pauvres, pour la famille. Pour la patrie, saint Thomas semble ici avoir en vue le commerce extérieur que tous les canonistes ont encouragé. Pour les pauvres : ce second sujet de tolérance découle de la charité. Pour la famille : mobile encore désintéressé puisqu'il répond à un devoir, le devoir pour tout père de famille d'élever les siens.

Les distinctions de saint Thomas nous paraissent subtiles et peu solides. Par la première il absout de toute faute le commerce avec l'étranger parce qu'il est utile au pays et que dans ce cas le gain du négociant est le *stipendium laboris*. Or le commerce intérieur est-il moins utile que le commerce extérieur et le commerçant dans ce cas ne mérite-t-il pas autant que dans l'autre d'être rémunéré de ses efforts et de son travail ? Dans la seconde distinction saint Thomas parle de la *sustentationem domus*, c'est un terme qui est très large et l'entretien du train de maison peut être diversement entendu, il est vrai que le docteur angélique a pris soin de déclarer qu'il n'excusait qu'un *lucrum moderatum*. Cela n'empêche pas ces distinctions d'être arbitraires et d'offrir une base de fixation mal déterminée.

Nous pensons donc que saint Thomas comme Raymond de Pennafort a subi l'influence des doctrines ascétiques des premiers siècles, il a proscrit le gain commercial à cause du danger des richesses, mais il a mal compris le rôle du commerce. Le commerce dans sa forme primitive a trouvé grâce *propter necessitatem vitæ*, mais sitôt qu'il se développe, qu'il devient le grand commerce avec ses réserves de marchandises et d'argent, il est suspect, à moins toutefois que l'on puisse dire que ces acquisitions n'ont pour but que l'entretien de la vie ou de la famille, l'intérêt des pauvres ou de l'État. Dès lors tout se ramène à une question d'intention, les gains les plus considérables pourront se justifier s'ils sont désintéressés. Est-ce là toute la pensée du docteur angélique ? C'est bien probable puisqu'il reconnaît que la parole de saint Chrysostome doit être entendue ainsi : *intelligendum de negotiatione secundum quod ultimum finem in lucro consistit* (1). Mais alors ne suffisait-il pas de blâmer la passion des richesses sans jeter le discrédit sur le commerce lui-même: *negotiatio ex se est turpe* ? La raison de saint Thomas est celle-ci sans doute, c'est que le commerce prospère conduit souvent à l'opulence, à l'amour des richesses et pour être plus certain de supprimer l'effet il fallait attirer l'attention sur la cause ! Il faut ajouter aussi que pour saint Thomas comme pour le rédacteur des *Décrétales*, il y a un fait qui les a empêchés de complètement analyser les phénomènes commerciaux dans leur ensemble : le commerce du temps consistait surtout en importations et en exportations, mais le trafic intérieur était encore peu développé ; dans les marchés fort restreints d'alors la concurrence

(1) *Summa*, 2a 2æ, q. LXXVII, a. IV. V. Tome III, p. 279.

existait à peine et il était bon qu'une voix austère se fît entendre pour modérer les prétentions des rares marchands qui parcouraient les villes et les provinces.

Arrivé à la fin de notre étude de saint Thomas, nous devons rechercher maintenant en quoi consistait essentiellement son *justum pretium* ; cette notion est assez difficile à dégager.

A la question LXXVII, 2^a $2^{æ}$, le docteur angélique déclare que le juste prix n'est pas déterminé ponctuellement « *justum pretium rerum non est ponctualiter determinatum* » (1) ; c'est affaire d'estimation, un écart modique en plus ou en moins n'enlève pas la juste égalité. Faut-il dire cependant que la valeur des choses est fixée par le cas qui en est fait, d'après les satisfactions qu'elles procurent, d'après les besoins vrais ou factices qu'elles vont combler? Ce n'est certes pas l'idée de saint Thomas. Pour lui au contraire les choses ont une valeur en elle-même qui doit exister en dehors des passions et des appréciations humaines. En effet, ne dit-il pas dans la question LXI, 2^a $2^{æ}$, que l'échange doit avoir pour base : *Æqualitas rei ad rem secundum proportionem arithmeticam, non secundum proportionem ad affectionem hominis* (2) ; c'est une égalité objective qui doit régler les échanges non une égalité subjective. A la question LXXVII, 2^a $2^{æ}$, déjà citée saint Thomas dit aussi : *potest tamen per accidens... licite aliquid carius*

(1) *Summa*, 2^a $2^{æ}$, q. LXXVII a. I. V. Tome III, p. 276.
(2) *Summa*, 2_a $2_{æ}$, q. LXI, a. 2. V. *eod. loc.*, p. 228.

vendi ac vilius emi quam secundum se valeat, et plus loin : *in tali casu justum pretium erit ut non solum respiciatur ad rem quæ venditur*. Dans tous ces passages le docteur angélique semble donc avoir en vue comme base de son juste prix *la valeur intrinsèque des choses* mesurée aux efforts qu'elles ont exigés pour être produites, au travail qui s'y trouve incorporé. On est encore confirmé dans cette opinion lorsqu'on se remémore le cas où il autorise le vendeur : *carius vendere. Potest hoc licite facere vel quia in aliquo rem melioraverit, vel quia pretium rei est mutatum, secundum diversitatem loci et temporis, vel propter periculum cui se exponit transferundo* (1). Améliorations, rareté, frais de transports, ne sont-ils pas autant d'éléments du coût de production. Saint Thomas a voulu, ceci est évident, substituer à l'adage romain *res tanti valet quanti vendi potest* un autre principe : *res valet quod valet* « *secundum se* ». En fait cependant une quantité de travail ne s'échange pas toujours contre une même quantité et la valeur dans les échanges ne s'établit pas en proportion du travail dépensé. Pour avoir voulu éviter que les conventions des parties ne fixent uniquement le prix des choses, saint Thomas ne s'est peut-être pas suffisamment gardé de l'autre écueil : vouloir que la valeur fixe toujours au coût de production. Ceci aurait pu se réaliser dans la cité de Platon où la division du travail devait se faire par autorité, mais dans une société libre le principe ne pouvait être suivi.

(1) *Vide suprà*, p. 62.

Saint Thomas l'a bien entrevu lorsque dans les détails pratiques qu'il donne sur l'établissement du juste prix, sur la réglementation qui revient aux chefs de la cité *rectores civitatis*, il indique à ceux-ci de tenir compte des différences normales qui peuvent se produire suivant les époques, les lieux et les personnes. Néanmoins il faut dire ici que la conception de saint Thomas et de son école qui consistait à ramener le prix au coût de production partait d'une intention très louable, celle de suppléer par l'autorité de la loi au défaut ou à l'insuffisance de la concurrence. C'est un point que nous aurons l'occasion de développer plus amplement lorsque nous aurons terminé l'exposé des théories.

§ 2. — La théorie du juste prix subit des atténuations.

I. — *Duns Scot et Biel.*

A. *L'achat et la vente. — Principe de l'égalité dans l'échange.* — Avec Duns Scot et Biel nous marquons une première évolution dans la doctrine du juste prix. Nous avons réuni dans une même étude ces deux auteurs parce qu'il y a dans leur enseignement beaucoup de traits communs. Biel a souvent emprunté ses décisions à Duns Scot et ils se complètent l'un et l'autre.

Tous deux ont maintenu le principe d'égalité comme base de l'échange et du contrat d'achat et vente. Dans son « Commentaire du livre des Sentences » Scot traite de l'échange et des fraudes prohibées sur la substance, la qualité, la quantité : *sequitur in illa regula quod* æqualitas valoris est servanda, *hoc probatur per Augustinum : vile velle emere et caro vendere revera vitium est* (1). Le même principe doit dominer la vente : *Consimilis conclusio omnino est de justa venditione et emptione, quia ibi ita oportet ex una parte considerare numisma sicut hic rem permutatam* (2).

Biel (3) partage cette opinion : « Car, comme dit saint Thomas, écrit-il, la vente et l'achat ont été institués pour l'utilité commune du vendeur et de l'acheteur, ils ne doivent pas être plus à la charge de l'un que de l'autre et le contrat doit être entre eux d'une parfaite égalité. Or si le prix excédait la valeur de la chose ou inversement l'égalité n'existerait plus et Biel ajoute : *erit contractus iniquus* (4). Il s'agit de savoir comment sera déterminée la juste valeur des choses. Nos deux auteurs reconnaissent l'un et l'autre que la juste valeur peut varier dans une certaine mesure : *Ista autem æqualitas*, dit Scot, *secundum lectam rationem non consistit in indivisibili.... sed est magna latitudo* (5). Le juste prix qui en est l'expression ne comporte donc pas un taux unique,

(1) Duns Scot, *Questiones in libros sententiarum*, V. liv. IV, dis. 15, quest. II (Anvers, 1620). [Bibl. Nat. Inv. D. 31]. V. p. 263.

(2) Scot, *Questiones in lib. sent.*, liv. IV, dis. 15, quest. II. V. *eod. loc.*

(3) G. Biel, *Repertorium generale et succinctum contentorum in quatuor collectoriis acutissimi ac profundissimi theologi Gab. Biel super quatuor libros sententiarum* (Tubingen, 1501). Bibl. Nat. Inv. D. 68 (non folioté).

(4) V. Biel, *Rep. generale*, liv. IV, dis. 15, quest. X. ar. I (non folioté).

(5) V. Scot, *loc. cit.*

mais une assez large variation, c'était aussi le sentiment de saint Thomas. Mais bien que le juste prix soit assez variable il faut encore que les limites soient fixées à ces variations, il faut établir un minimum et un maximum. Il y a pour cela deux moyens : *quæ autem sit ista latitudo et ad quantum se extendat, quandoque ex lege positiva, quandoque ex consuetudine innotescit; lex enim rescindit contractum, ubi contrahens decipitur ultra medietatem justi pretii ; tamen infrà illum si ex alio apparet injustitia, debet restitutio fieri correspondens* (1). Et Biel nous dit : *Ubi statutum legis deficit supplet currens fori consuetudo* (2). A défaut du prix légal déterminé par l'autorité publique, le prix courant sera celui qui s'imposera aux parties. Toutefois loi et coutume ne sont que des effets et non des causes, elles ne font qu'exprimer ce qui est le juste prix, mais elles n'en sont pas les facteurs déterminants, elles enregistrent, elles ne créent pas, il faut donc aller plus loin et se demander sur quelles bases la loi ou la coutume établiront le juste prix. Ici Biel va nous répondre, il avoue que les docteurs sont partagés, cependant il y a quelques règles générales : L'égalité de la valeur doit être déterminée non par la valeur intrinsèque des choses, mais par leur utilité dans les besoins humains. La loi devra déterminer la valeur des choses : *attenta* indigentia humana, verum paucitate vel abundantia, ac indigentium multitudine ac paucitate ac rerum

(1) V. Scot, *loc. cit.*
(2) V. Biel, *loc. cit*, art. IV.

commoditate aut necessitate comparandi res necessarias difficultate preciositate et labore. *Ex quibus his prudenter consideratis potest legislator ætimare et statuere pretia justa rerum ; ubi hæc statuta sunt et taxata sufficientem certitudinem habent contrahentes de æqualitate valoris et justitia pretii. Ubi statutum legis deficit supplet fori consuetudo* (1). Les éléments de fixation des prix seront donc : le besoin, la rareté des produits, la difficulté qu'il y a à les obtenir, c'est-à-dire que les prix s'établiront sur ces deux bases : l'utilité et le coût de production. C'est la première fois que nous rencontrons un exposé aussi complet et aussi rationnel ; la loi ne ferait en somme qu'exprimer la valeur des choses telle qu'elle se fixe elle-même sous un régime de liberté commerciale, il y aurait ainsi parfaite correspondance entre la valeur des choses et leur prix.

Telle est la règle qui s'imposera aux contractants d'une façon générale, mais n'y a-t-il pas des cas particuliers, où le vendeur et l'acheteur pourront s'écarter de la valeur ainsi calculée ? Biel nous répond en ces termes : *Deficiente lege et fori consuetudine*, chacun peut déterminer le prix de ses marchandises en tenant compte des conditions susénoncées, *simul et pericula curam suam et industriam* (2), le marchand peut donc en outre de la valeur réelle de l'objet vendu se faire payer ses risques, ses peines, son travail. Scott dit aussi :

(1) V. Biel, *loc. cit.*, art. IV.
(2) V. Biel, *Rep. gener.*, lib. IV, dis. XV, quest. X, art. IV.

Unusquisque potest industriam suam et sollicitudinem juste vendere : *industria illius transferentis res de patria ad patriam requiritur magna, ut consideret quibus patria abundat et indigeat ; ergo potest* juste ultra sustentationem necessariam *pro se et familia sua ad istam necessitatem deputata recipere pretium correspondentem industriæ suæ et ultra hoc tertio* aliquid correspondens periculis suis *ex quo enim in periculo transfert si est translator, vel custodit si est custos* (1). Biel s'exprime en termes identiques (2).

Une autre exception est celle que nous a signalée déjà saint Thomas, le prix peut être augmenté ou diminué suivant que le vendeur ou l'acheteur voit ses intérêts compromis par la vente : damnum emergens : *si quis multum indiget re sua*, lisons-nous au *Repertorium*, *et per magnam instantiam ab alio inducitur ut vendat vel permutat pro re aliâ ; cum non vendendo aut permutando posset se servare indemnem et ex venditione vel permutatione tali damnificatur potest carius vendere* (3). Scot admet aussi cette raison du *damnum emergens* bien qu'il la présente en d'autres termes : *Potest suum aliquid accipere correspondens et maximè si quandoque sine culpâ sua in tali servitio communitatis damnificatus est, utpote mercator amisit navem onustam maximis bonis et alius quandoque ex*

(1) V. Scot, *Quest. in lib. sent.*, liv. IV, dis. XV, quest. II. Même édit., p. 265.

(2) V. Biel, *Rep. gener.* (*loc. cit.*).

(3) V. Biel, *loc. cit.*

incendio casuali amittit pretiosissimam quam custodit pro republica (1).

Les trois docteurs font ensuite une réserve importante ; le vendeur peut sans doute se dédommager de la perte qu'il subit en faveur de l'acheteur, mais il ne pourrait tirer parti de l'intérêt que l'acheteur attache à la vente pour augmenter le prix. Nous lisons au commentaire de Scot : *Sed si emens magnum commodum consequatur ex illa re sibi vendita, vel permutata, non potest carius vendi, vel permutari, nam propter majus commodum ejus quod consequitur, nec res mea est in se preciosior nec mihi melior ; et ideo non debet mihi majus pretium apportare. Secus autem est quando damnificor, quia tunc mihi est preciosior, licet non in se* (2).

Biel dit aussi : *Non autem commodum ementis quum licet emens magnum commodum consequeret ex re sibi vendita vel permutata, non potest propter hoc carius res vendi vel permutari, nam propter majus commodum quod emptor ex re sibi vendita consequit ; nec res vendita est in se preciosior : nec vendenti melior, ideo non debet vendenti majus pretium apportare* (3). Saint Thomas donne la raison de cette réserve : *cur attendi debet in constitutione justi pretii damnum vendentis et non commodum ementis ? Quia nullus potest vendere alteri quod non est suum : et utilitas quæ accrescit emptori non est ex venditione vendentis sed*

(1) V. *Quest. in lib. sent.*, lib. IV, dis. XV, quest. II, p. 265.
(2) V. Scot, *loc. cit.*
(3) V. Biel, *Rep. gener.*. liv. IV, dis. XV, quest. X, art. IV.

ex conditione ementis (1). Le bénéfice que dans le cas présent l'acheteur retire de la vente vient d'un fait tout personnel et ne doit pas entrer en ligne de compte dans le contrat. On devrait dire pareillement que l'acheteur ne saurait profiter de la situation meilleure qui résulterait du contrat pour le vendeur. Cette exception est une nouvelle preuve de cette opinion des canonistes en vertu de laquelle, le besoin seul, l'utilité seule ne peuvent justifier une augmentation de valeur.

B. *Le commerce. — Le gain commercial.* — Il nous reste à parler du commerce et du gain commercial. Dans quelle mesure, suivant Duns Scot et Biel, le commerçant doit-il rester fidèle au juste prix ?

Saint Thomas justifiait le commerce entrepris dans un triple but : l'intérêt du pays, des pauvres, de la famille. Mais en soi il le regardait comme « quelque chose de honteux ».

Duns Scot et Biel n'ont point partagé sur ce point l'opinion du grand docteur.

Scot proclame l'utilité du commerce avec l'étranger et du commerce intérieur, et il trouve légitime que le négociant vive de son travail : *Mercator qui affert de patria ubi abundat, ad patriam ubi deficit, vel qui illam emptam conservat ut prompte inveniatur venalis a volente eam emere, habet actum utilem reipublicæ, Unumquemque in opere honesto reipublicæ servientem oportet de* suo

(1) *Summa*, 2a 2æ, q. 77, a. 1 (*Op. omnia*, p. 276).

labore vivere, *honesto dixi propter meretrices et histriones inhonesto viventes* (1). Il continue et, comme on l'a vu plus haut, il justifie le gain du négociant *ultrà sustentationem necessariam*.

Biel ne s'exprime pas moins clairement sur la nature du négoce : *Mercatio non est mala ex genere sed bona et humano connectui necessaria, dum tum fuerit justa.... ideo necesse est congruum et utile republicæ ut sint personæ industræ : quibus translationibus rerum necessarium operam impendat ; quibus etiam pro suis industriæ sollicitationibus, curis, periculis, laboribus, expensis et similibus debetur remuneratio condigna, quæ lucrum dicitur : quoniam dignus est mercenarius mercede suâ* (2).

Biel se demande même si l'on doit voir dans l'acte de Jésus chassant les vendeurs du temple une désapprobation à l'égard des marchands et il répond : ceci ne s'applique qu'aux marchands qui abusent de leur profession.

Il y a donc une différence essentielle entre saint Thomas et nos deux théologiens, ceux-ci n'ont aucune prévention contre la qualité de commerçant et le gain que procure cette profession. Scot admet même que, pour se rémunérer de son travail et de ses soins, le commerçant peut gagner *ultra sustentationem neccssariam pro se et familia sua*. Ceci paraît justifier chez le commerçant un certain luxe, un certain bien-être, compensation des

(1) V. Scot, *loc. cit.*, p. 265.
(2) V. Biel, *loc. cit.*, quest. X, art. I.

fatigues et du dur labeur qu'entraînent le négoce et les affaires commerciales.

Ce serait cependant exagérer la pensée de nos deux auteurs que de leur faire approuver tous les genres de commerce, comme les gains les plus hasardés. Ils se sont au contraire élevés avec énergie contre les négociants qui n'ont pas pour but de gagner leur vie ou d'être utiles à leur pays, mais pour qui le trafic n'est qu'un moyen de devenir riches et de se procurer une vie de plaisirs et de jouissances.

Biel écrit dans cette pensée : *Non licet mercari nisi propter duo*: propter necessitatem et pietatem. *Propter necessitatem ut tali lucro sustentare possit se et suam familiam in decentia sui status. Propter pietatem ut lucrum distribuat pauperibus. Nam mercari propter substantias et* divitias cumulandas, *propter improbam cupiditatem acquirendi superfluas, ut sine sollicitudine et labore* otiosam ducat in voluptatibus vitam, *vel curiositatem, pompam seu aliam finem illicitam* culpabile est (1). Duns Scot de même condamne les spéculateurs, accapareurs, ceux qu'on appelle en France les regratiers. *Qui modo emit ut statim vendat, iste est exterminandus a republica et exulandus, et vocantur tales gallicè regratieres, quia prohibent immediatam commutationem volentibus emere, vel commutare œconomice et per consequens faciunt quodlibet venale vel usuale carius ementi, quam debent esse et vilius vendenti et sic damnificant utramque partem* (2).

(1) V. Biel, *Rep. gener.*, liv. IV, dist. 15, quest. X.
(2) V. Scot, *Quest. in lib. Sent.*, liv. IV, dist. 15, quest. II, p. 265.

Les conceptions de Duns Scot et Biel sur les prix et le commerce sont donc adoucies, elles sont moins rigides que celles de saint Thomas. Ils ont choisi comme critérium du juste prix une base plus large : *Ista autem æqualitas*, dit Scot, à propos de l'égalité dans l'échange, *non consistit in indivisibili... sed est magna latitudo* (1). En outre ils ont dégagé le commerce des préventions quelque peu sévères qui s'étaient élevées contre lui.

II. — *Henri de Gand.*

Avec Henri de Gand les idées s'élargissent encore. D'abord réfractaire à la réalisation du gain dans la vente le *doctor solemnis* déclarait que ce n'était pas aux juristes quc l'on devait demander dans quels cas la vente pouvait être légitime ou illégitime, mais bien aux théologiens et aux philosophes. Le vendeur qui ne faisait subir à la marchandise aucun travail devait être classé au nombre de ces marchands que le Christ chassait du temple.Son opinion changea par la suite, et après avoir dit que la théologie seule devrait résoudre ces questions il fit intervenir les préceptes du droit naturel. C'est là une innovation digne de remarque et qui fut suivie dans la suite par plusieurs des canonistes.

A. *Principe de l'égalité dans l'échange.* — C'est dans ses *Quodlibeta Quæstiones* : quodlibet I, question XL, que Henri de Gand traite de la vente et du commerce, il se

(1) V. Scot, *loc. cit.*, p. 263.

demande si *emere vilius et vendere carius incontinenti sit peccatum* (1). Sa réponse s'appuie d'une part sur le droit naturel et d'autre part sur l'autorité d'Aristote : *Justitia contractuum pertinet ad jus naturæ qui idem debet esse apud omnes gentes. Debet ergo in contractibus emptionibus et venditionibus æquitas juris naturalis observari ; et penes ille determinari debet æquitas contractuum in jure positivo* (2). C'est l'équité précepte de droit naturel qui est la règle des contrats et c'est elle aussi qui doit inspirer le droit positif.

Le philosophe dit aussi que dans les échanges l'égalité doit être observée : Henri de Gand en déduit ce qui suit : *Si quis plus vendit eam rem scienter quam valeat pro tempore et loco, vel minus eam emit, licet sic facere permittat, proximo suo cum quo communicat non contradicente, vel quia necessitas ad minus justum recipere se compellit hoc inæqualis est et injusti* (3). On ne doit donc pas chercher à abuser de l'ignorance ou de la détresse de l'acheteur pour surfaire le prix au delà de la valeur réelle de l'objet à vendre. Ce principe posé implique-t-il que l'on doit. comme Jean Chrysostome, jeter l'anathème contre tous ceux qui ne se tiennent pas au juste prix ? Tous les marchands seraient frappés, dit notre auteur, car il n'est personne qui fasse le trafic pour ne rien gagner : « Faudra-t-il donc envelopper dans le

(1) Gœthals, *Quodlibeta quæstiones*, Paris, 1518 (Bibl. Nat. Inv. D. 216).

(2) *Quodlibet* I, quest. XL, folio XXVI.

(3) V. *Quod.*, I, quest. XL, fol. XXVI.

même anathème tous ceux qui se livrent à des opérations commerciales ? Assurément non ! Il est vrai que saint Chrysostome condamne ceux qui achètent des denrées pour les revendre purement et simplement sans que la marchandise ait éprouvé aucune transformation, le grand saint les compare aux trafiquants que Jésus chasse du temple ! Mais n'est-il pas juste de tenir compte des changements que les denrées subissent dans les mains des négociants qui les achètent pour les revendre, changements de lieux, changements de temps, changements de conditions (1) ? »

B. *Légitimité du gain commercial.* — Henri de Gand se refuse à suivre Jean Chrysostome, il accorde que l'augmentation du prix peut être coupable, mais dans des conditions précises, il faut pour cela : *re in nullo immutata*, nec ratione suæ substantiæ, nec ratione loci, nec ratione temporis, nec ratione vendentis.

Tout d'abord le *doctor solemnis* écarte l'hypothèse où le vendeur a travaillé l'objet de la vente : *Quicumque rem comparat ut non rem ipsam integram et immutatam vendat*, sed opus faciat ex eâ, *ille non est negotiator... ille non rem ipsam vendit sed magis artificium suum...* ainsi le forgeron qui a forgé une barre de ferre. *Qui autem rem comparat, ut illam immutatam dare voluerit ; ille est mercator qui de templo Dei ejicitur* (2). Dans le cas susénoncé l'objet vendu a véritablement une valeur plus

(1) V. *Quodlibeta*, I, quest. XL, folio XXVII.
(2) V. *Quodlibeta*, *loc. cit.*, folio XXVI.

grande.celle du travail incorporé, ce n'est donc pas sur l'objet en substance que porte l'augmentation du prix, mais sur le travail fourni par le vendeur : le forgeron qui a fabriqué une barre de fer se fait payer en même temps le prix du fer brut et le temps, le travail que la fabrication a demandés, ce n'est que justice. Cette exception *ratione substantiæ* ne se rapporte donc pas précisément au commerçant, mais bien plutôt à l'artisan.

Voici maintenant les cas qui concernent spécialement le négociant : raisons de temps, raisons de lieu, raisons personnelles au vendeur. Si la chose a été modifiée de ces trois manières, on peut vendre plus cher, car alors le vendeur peut être considéré comme *non vendendo principaliter ipsam rem, sed quod actum est circa ipsam, puta illam mutationem* (1). Saint Chrysostome, ajoute très justement Henri de Gand, en admettant l'exemple du forgeron, justifie nos exceptions : car que vend donc plus cher ce forgeron sinon son travail : *ultrà pretium ferri vendendo opus suum*, et saint Jean Chrysostome ne pose qu'un seul exemple ; il n'exclut pas pour cela les autres cas. Le négociant pourra donc exiger un prix plus élevé pour un produit qui aura acquis plus de valeur par le transport. C'est ce que nous dit le philosophe au premier livre de la *Politique* : une denrée transportée d'un endroit où elle abonde dans un autre où elle est rare, devient précieuse. De même que le forgeron peut vendre plus cher le fer qu'il a forgé, de même le mar-

(1) *Quodlibeta, loc. cit.*, fol. XXVII.

chand peut vendre plus cher la denrée qu'il a transportée : *quia merces emptæ nudæ fuerunt*, et en vendant : *super pretium mercium*, *le marchand ne fait que vendre* : *ipsam translationem* (1).

Henri de Gand fait le même raisonnement *ratione temporis* ; on achète, dit-il, des marchandises à une époque où elles sont abondantes et on les conserve pour les revendre à une époque de rareté : *ita propter custodiam temporis facta sunt preciosa et vendi possunt carius* (2). Voici parfaitement expliquée, contrairement à Raymond de Pennafort, la légitimité du gain commercial provenant des approvisionnements faits par le négociant comme rétribution des soins et du travail nécessaires à leur conservation.

Henri de Gand passe ensuite au gain venant de la personnalité même du vendeur : *ratione ementis et hoc ratione industriæ ejus* (le terme *ementis* est ici employé pour désigner le vendeur qui a acheté pour revendre ensuite). « L'acheteur, le trafiquant, dit notre auteur, peut quelquefois trouver occasion de vendre plus cher à raison de son expérience, de ses connaissances spéciales. Ainsi un marchand de chevaux qui n'achète, grâce à son expérience, que de bonnes bêtes pourra trouver à revendre plus cher qu'il n'aura acheté : *ex hoc propter opus industriæ ejus circa equos statim facti sunt pretiosiores ut illis magis valeant quam prius propter securitatem*

(1) V. *Quodlibeta*, I, quest. XL, même folio.
(2) *Quodlibeta*, *loc. cit.*, même folio.

valoris justi. Le marchand pourra donc vendre *aliquantulum carius vendendo opus industriæ ejus quod circa equos illos exercuit in emendo eos* (1). En effet ces qualités personnelles au vendeur n'ont-elles pas été acquises par le travail ? La conclusion vient ensuite et permet d'étendre encore les exceptions : *Istis igitur modis licitum est vilius emere et carius vendere, non ipsam rem nudam sed immutatam dictis* modis vel aliis modis consimilibus *si eveniant*.

Henri de Gand est donc très large pour l'admission des cas où l'on peut dépasser le juste prix et ses exceptions ont toutes une base très rationnelle ; elles sont, en effet, fondées sur une augmentation de valeur, résultat du travail plus ou moins apparent du vendeur.

C. *Autres cas dans lesquels l'augmentation du prix est possible*. — Le *doctor solemnis* considère encore la rareté comme pouvant amener légitimement une augmentation des prix, voici en effet un exemple qu'il donne lui-même : il suppose un arrivage de chevaux, le débarquement n'est pas encore effectué, quelqu'un achète et enlève un cheval au prix alors courant, puis les marchands de chevaux mettent à la voile et s'éloignent, à cause de sa rareté l'unique cheval devient plus cher, dès lors, ajoute l'auteur, *non est illicitum ut statim eum multo plus vendat quam emit propter solius horæ immutationem circa equum* (2).

(1) V. *loc. cit.*, fol. XXVII.
(2) *Eod. loco.*

Henri de Gand s'occupe aussi au Quodlibet III des ventes à crédit dont le prix est fixé d'après la valeur que l'objet pourra avoir au moment du paiement, il prend encore un exemple : Pierre a du blé à vendre vers la fin du mois d'août, mais à cause de l'abondance du blé, il ne désire pas vendre avant Pâques, car alors la mesure vaudra peut-être huit *solides*, cependant il vend son blé à Paul moyennant huit solides à recevoir après Pâques, puis il arrive qu'alors le blé vaut seulement six solides, le contrat est-il licite ? Il convient d'observer, dit l'auteur, que la justice humaine est moins rigide que la justice divine, car elle est appliquée par un homme et elle doit faire œuvre de conciliation pour maintenir la paix au milieu d'individus imparfaits, je la loue donc et je l'approuve bien qu'incomplète et imparfaite. Mais il n'y a pas, à mon avis, que les lois humaines qui accordent une certaine latitude, il y a aussi le droit naturel. Et c'est en vertu de ce droit que toutes les fois qu'acheteurs et vendeurs ne pourront avoir la certitude d'avoir trouvé l'équité naturelle, il leur est permis de ne point se tenir exactement au juste prix : *licitum sit eis emere et vendere plus vel minus justo pretio : dum tamen bona fide et pura intentione et conscientia hoc faciunt non credentes sese minus dare quam recipere et excusantur propter invincibilem ignorantiam* (1). Sans doute nul ne peut recevoir plus qu'il n'a donné ; par

(1) V. *Quodlibet* III, quest. XXVIII, fol. LXXXVII et LXXXVIII.

conséquent dans les ventes à crédit, si le vendeur connaissait le prix de la denrée au moment de la libération et qu'il vende plus cher, il serait coupable, mais ce prix il ne le connaît pas. Quel sera donc son devoir au cas où il serait vendu au-dessus du prix, ce sera de corriger son erreur ! *Cognito pretio debet errorem suum corrigere.* On est donc tenu de réparer l'erreur commise. C'est pourquoi, dans de tels contrats, il vaudrait mieux s'abstenir tout d'abord et fixer le prix suivant une estimation à faire au temps de la libération. Nous avons vu que ce principe et ces conseils étaient aussi ceux des *Décrétales*.

Plus loin le *doctor solemnis* se demande si l'on peut augmenter le prix *propter indigentiam ementis*, et il s'élève contre la formule: *res tanti valet quanti vendi potest.* Voici le passage où la question est traitée : « L'argument que l'on donne est celui-ci, la valeur d'une chose se mesure au cas qu'en fera celui qui en a besoin, et, comme une chose peut toujours être vendue suivant sa valeur, le prix se réglera sur le besoin — *a contrario*, on dit : celui qui vend plus cher à cause du besoin de l'acheteur vend ce qui ne lui appartient pas : *vendit quod suum non est, seu necessitatem vel indigentiam alterius.* Ma réponse, dit Henri de Gand, sera celle que j'ai déjà faite précédemment lorsqu'on demandait si l'on pouvait acheter moins cher par ignorance du vendeur : la justice commutative veut que l'égalité soit observée entre l'acheteur et le vendeur, tout en ayant égard à la qualité, à la disposition de la chose et aux différentes circonstances de temps et de lieux. Mais l'indigence de l'acheteur n'est pas une circonstance propre à faire augmenter le prix, au contraire c'est une circonstance qui doit inviter le vendeur à être plus généreux et plus facile, d'où il ressort que le prix devrait bien plutôt être diminué qu'augmenté. Aussi l'auteur qualifie cette vente de la façon la plus vive : *Non est venditio sed extorsio et ita species rapinæ* (1) !

Quant à l'objection : une chose vaut ce qu'elle peut être vendue, elle peut être exacte en droit strict, mais non en fait et comme dans le cas qui nous occupe ce n'est pas une question de droit, mais seulement une question de fait qui puisse permettre de vendre telle chose à tel prix : ainsi une circonstance de temps ou de lieu, nous croyons donc qu'on ne peut justifier un prix surfait.

La solution de Henri de Gand est ici celle de tous les théologiens ; nous avons vu que saint Thomas, Scot et Biel ont émis le même avis. Une chose, et ce sera toujours le principe des canonistes, a toujours une valeur par elle-même, cette valeur peut subir des variations suivant les circonstances qui la modifient en elle-même, mais les besoins et les convoitises humaines seront toujours regardés comme un facteur insuffisant pour motiver une infraction au juste prix.

(1) *Quodlibet* XIV, quest. XIV, fol. 570.

III. — *François de Mayronis, Gilles de Rome, Gerson, Buridan.*

François de Mayronis et Gilles de Rome ne nous intéressent qu'au point de vue des idées générales qu'ils ont émises sur le commerce et sur le change.

François de Mayronis présente quelques considérations très brèves sur le commerce dans son Commentaire des Sentences : « Le commerce, dit-il, est nécessaire à la vie humaine. Les hommes ont besoin communément des choses de même espèce. Or toutes les régions n'ont pas des produits semblables. Les unes ont du vin, les autres des figues ; le commerce est donc nécessaire pour que ces produits soient portés de l'une à l'autre (1).

Ceci ne nous apprend rien de nouveau sinon que Mayronis s'accordait sur l'utilité du commerce extérieur avec tous les théologiens de son temps. Mais les déductions qu'il tire sont assez neuves pour être notées : « Le commerce étant nécessaire à la vie est de droit naturel. Il est permis par la loi divine puisqu'il est de droit naturel et que la loi divine ne le défend pas. Quelquefois même l'acte commercial est méritoire pour la vie éternelle, car quelquefois il est inspiré par la charité. »

Ce passage où Mayronis invoque le droit naturel comme Henri de Gand nous montre qu'à cette époque

(1) François de Mayronis, *In quatuor libros sententiarum* (Venise, 1520) (Bibl. Nat. Inv. D.38). V. livre IV, Dist. 16, quest. 4, fol. 204.

ces notions commençaient à se faire jour et qu'à côté du droit divin, les canonistes ne dédaignaient pas de les invoquer.

Gilles de Rome fut également favorable au commerce extérieur. Il le recommandait au roi dans son *De regimine principum* écrit, dit-on, à l'intention de Philippe le Bel (1). Il considérait en effet que les règles auxquelles était assujettie la conduite d'un État ne devaient pas avoir la sévérité des lois divines. L'État, disait-il, est dans la nature aussi bien que la famille. L'État est nécessaire non seulement à notre conservation physique, mais aussi à notre perfectionnement moral.

La loi civile doit se distinguer de la loi religieuse, la première ne songe qu'à la défense de la société et n'aspire qu'à la perfection relative : encourager toutes les vertus qui peuvent être utiles et empêcher tous les vices qui peuvent être nuisibles à l'ordre social. La loi divine au contraire se propose la perfection absolue (1).

Nos deux auteurs approuvent aussi le commerce de l'argent, le change : « De même qu'il y a un art du commerce naturel et licite, ainsi les échanges d'argent ou les changes proprement dits sont naturels et licites, parce qu'une monnaie a cours dans un pays et non dans un autre (2). » Au *De Regimine principum* nous lisons également : « Les monnaies n'étant pas les mêmes dans

(1) Gilles de Rome, *De Regimine principum* (Bibl. Nat. Inv. E 79). Rome, 1482.

(2) Mayronis, *In quatuor lib. sent.*, liv. VI, dist. 16, quest. 4. V. fol. 203 (verso).

les différents pays et n'ayant pas la même valeur, il faut, lorsque besoin est, que les habitants puissent se procurer par le change le genre de monnaie qui leur est nécessaire en pays étranger (1). »

Notons aussi que dans ses conseils au roi, Gilles de Rome n'oubliait pas de recommander la taxation des produits divers des marchandises et denrées.

Mais cette dernière pratique fut surtout conseillée par Gerson, le célèbre chancelier de Paris.

Son livre *De contractibus* est un traité assez court composé *ad instantiam prioris et conventus domus Carthusiæ in Sabaudia*. Les contrats, suivant lui, doivent être *l'expression de la justice commutative*, qui exige l'égalité des choses échangées, et il faut que le juste prix soit toujours observé (2).

Pour qu'il n'y ait point d'infraction à ce juste prix, Gerson recommande la tarification légale : « Une juste loi peut instituer un prix des choses à vendre : biens meubles ou biens immeubles, revenus ou capitaux (etc.), le vendeur comme l'acheteur ne peut dépasser le prix. » Ce prix des choses existe pour Gerson indépendamment des besoins de l'homme et de ses désirs, les exigences et les fantaisies de la nature n'interviennent que pour fausser le juste prix : « Dans les différents contrats il s'établit un prix moyen, mais ce *prix moyen est difficile*

(1) V. liv. II, partie III (non folioté).

(2) Gerson, *Opusculum de contractibus* (*Opera omnia*, Anvers, 1706). V. Tome III, partie I, p. 170.

à trouver en raison des goûts différents et corrompus de l'homme, aussi est-il plus expédient d'établir ce prix suivant le jugement d'un sage ; or dans une République personne ne doit passer pour plus sage que le législateur. C'est donc à lui qu'il appartient de statuer sur le juste prix, la volonté privée ne pourra le dépasser ; *et utinam pretia sic omnibus rebus essent imposita, quemadmodum videmus in pane et vino, quod evitarentur altercationes nedum inutiles, perjuræ et impiæ, quas experimur fieri quotidie inter ementes et vendentes ? quod non fieret si unico verbo et absoluto statim diceretur pretium, ut ulna panni tantum valet, modium bladi tantum valet tunc daret pretium qui vellet, qui nollet abiret altercatione dimissa* (1). » L'intérêt de la société demande donc que l'on fixe les prix, on éviterait aussi bien des contestations malheureuses ! Comment alors doit-on déterminer le prix ? Ici Gerson est assez obscur : il se contente de dire : *Difficile est fatemur, sed tam salubriter factibile apud homines bonæ voluntatis, quibus ex hoc esset pax et gloria Deo* (2).

La difficulté est grande, mais elle serait largement compensée par les avantages qui en résulteraient.

Gerson ne fait en somme qu'indiquer cette question des tarifs, qui sera traitée tout au long par les auteurs qui le suivront, il se maintient dans un vague assez obscur et ce qu'il paraît surtout avoir à cœur, c'est d'as-

(1) V. *Opusculum de contractibus*, partie I, p. 175.
(2) V. *loc. cit.*, p. 175.

surer la fixité des prix et par ce moyen procurer au royaume la paix, la tranquillité intérieures.

Avec Buridan se manifeste un esprit de réaction contre l'idée du juste prix telle qu'on l'avait conçue jusqu'alors. Les docteurs du XIIIe siècle s'étaient efforcés de maintenir un exact rapport entre le prix de vente et la valeur des choses. Comment devait-on apprécier cette valeur ? Ils répondaient différemment, l'idée qui tendait à prévaloir était celle qui attribuait aux choses une valeur intrinsèque indépendante (sinon totalement, du moins en grande partie) des passions humaines.

Au XVIe siècle Buridan apporte une autre notion, il s'inspire directement d'Aristote, les choses pour lui n'ont pas par elles-mêmes de valeur, leur valeur est proportionnée au besoin qu'on en a (1) : *Dicendum est quod indigentia humana est mensura naturalis commutabilium quod probatur sic : bonitas sive valor rei attenditur ex fine propter quem exhibetur, unde commentator secundo metaphysicæ nihil est bonum nisi per causas finales, sed finis naturalis ad quem justitia commutativa ordinet exteriora commutabilia* est supplementum indigentiæ humanæ ; *verbi gratiâ, si indigeo blado quo tu abundas, et tu indiges vino quo ergo abundo, commuto tibi vinum pro blado et itaque utraque nostra ingentia est repleta igitur supplementum indigentiæ humanæ est vera mensura commutabilium, sed* supplementum videtur mensurari per indigentiam, *majoris enim valoris est supplementum quod*

(1) Buridan, *Quæstiones in decem libros Ethicorum Aristotelis* (Oxoniæ, 37). Bibl. Nat. Inv. R. 5841.

majorem suppletindigentiam, sicut quanto major est dolii capacitas et vacuitas tanto plus de vino requiritur ad replendum. Ainsi, ajoute Buridan, voici un exemple : à notre époque, le vin est plus rare et il se vend d'autant plus cher. Et la preuve que, dans les échanges, nous estimons les choses par l'usage qu'elles nous font plutôt que par leur valeur intrinsèque, c'est que si cela n'était pas, nous devrions estimer une mouche plus que tout l'or du monde (1). La vraie mesure de la valeur des choses, c'est donc leur utilité finale *causas finales*, les services qu'elles rendent à l'homme en satisfaisant ses besoins, *supplementum indigentiæ* et les règles de la justice commutative sont basées sur la valeur ainsi déterminée. Cette valeur elle-même augmente ou diminue avec la quantité ou l'intensité des besoins. De plus le besoin qui mesure la valeur n'est pas celui de tel ou tel individu, mais celui de la généralité des échangistes. Il faut remarquer aussi que la valeur des choses n'est pas seulement déterminée par le besoin du nécessaire. mais aussi par le désir du superflu : *non solum indigentia necessarii mensurat commutabilia apud egenos sed etiam indigentia excessus apud divites* (2). C'est ainsi que s'explique la grande valeur que peuvent acquérir certains objets de luxe.

Avec Buridan, nous avons donc vu pour la première fois, dans notre étude, la valeur des choses fondée uniquement sur l'utilité.

(1) V. *Ethique*, liv. V, quest. XVI, p. 430.
(2) V. *Ethique*, liv. V, quest. XVI, p. 431.

CHAPITRE III

DÉVELOPPEMENT COMPLET DE LA THÉORIE DU JUSTE PRIX. NIDER. AZORIUS. STRACCHA. SOTO. MEDINA. COVARRUVIAS. MOLINA.

Avec les grands docteurs de l'Église au Moyen Age, saint Thomas, Duns Scot, Henri de Gand, avec aussi leurs disciples moins connus, nous avons vu les principes fondamentaux de la théorie du juste prix ; nous avons recherché ce qu'était ce juste prix et quelles en étaient les applications, en matière de vente, en matière de commerce. Avec Henri de Gand nous avons constaté que la théorie s'était fort élargie, qu'elle était devenue pour ainsi dire plus conciliante à l'égard des nécessités commerciales ; nous allons assister maintenant à son développement complet. Les œuvres que nous allons étudier ne sont plus des œuvres presque exclusivement théologiques dans lesquelles se glissent quelques aperçus ou quelques développements plus complets sur des sujets profanes, elles ont proprement pour but l'enseignement des principes du droit canonique et elles vont donner à la doctrine du juste prix tout son développement et toute son ampleur. L'étude des principaux auteurs qui ont marqué cette dernière évolution de la théorie nous entraînera au delà du Moyen Age, mais c'est une suite nécessaire aux développements dans lesquels nous sommes déjà entré.

§ 1. — Principe de l'égalité dans l'échange. Valeur des choses.

Pour les canonistes qui enseignent après le quatorzième siècle, le principe de l'égalité dans l'échange domine encore toute la question et l'obligation d'y rester fidèles s'impose à tous les contractants.

Nider déclare « que tout contrat doit être passé au juste prix, car d'après les théologiens comme d'après les philosophes l'égalité dans l'échange doit être observée. L'égalité n'est autre chose qu'une estimation mutuelle et volontaire faite de bonne foi, le désir d'un traitement inégal doit être complètement exclu (1).

Medina dans son *De rebus restituendis*, invoque l'autorité d'Aristote et pose également en principe l'égalité dans l'échange *quæ æqualitas est sedes, seu fundamentum justitiæ commutativæ in hujusmodi contractibus servandæ*. Et plus loin : « L'égalité doit exister entre le prix et la valeur de la chose ». Il cite à l'appui saint Augustin et le passage du *De Trinitate* (2).

Et Soto se demande : *Utrum licite quis possit rem*

(1) Nider, *Tractatus de contractibus*, publié dans Stracchas, *De mercatura, cambiis*. Amsterdam, 1869. V. chap. I, p. 564.

(2) Medina, *Opus de pœnitentia restitutione et contractibus* (Ingolstad, 1581). V. *De Rebus restituendis*, quest. XXXI et XXXII, pp. 195 et 201 (*Bibl. Nat. Inv.* D. 2093).

pluris vendere quam valeat ? Il oppose à l'affirmative ce principe de l'Évangile : Traitez votre prochain comme vous désirez être traités vous-mêmes (1).

Les choses doivent donc s'échanger à leur juste valeur et il faudra que dans l'achat et la vente le prix corresponde à la valeur réelle des objets vendus. Il s'agit donc de savoir comment se détermine la valeur des choses. Cette question va nous arrêter tout d'abord.

Nos théologiens se sont accordés pour ne point reconnaître aux choses une valeur intrinsèque indépendante des conditions extérieures, des désirs, des passions de l'homme.

Azorius déclare dans ses *Institutions Morales* : « C'est l'utilité des choses, le besoin qu'on en a qui constitue leur valeur et non leur nature propre : car un cheval devrait valoir plus qu'une pierre précieuse » (2).

Suivant Nider la valeur d'une chose se mesure par différentes considérations. Tout d'abord le prix d'une chose ne vient pas de ce qu'elle est bonne en soi, mais de ce qu'elle *est plus utile aux hommes*. Le marchand doit donc considérer si une chose a été améliorée pour l'usage auquel elle est destinée. Il doit aussi se rendre compte si elle est plus recherchée et ce second élément est indépendant du premier, une chose peut n'avoir point subi de changement et même être en moins bon

(1) Soto, *De justitia et jure* (Lyon, 1582) (*Bibl. Nat. Inv.* D. 489). V. liv. VI, quest. II, a. 4, p. 196.

(2) Azorius, *Institutions morales* (Rome, 1600). V. partie III, liv. VIII, ch. XXI, p. 685-686 (*Bibl. Nat. Inv.* D. 538).

état que précédemment et toutefois être plus recherchée. C'est par l'estimation des hommes que se règle le prix des objets à vendre ; c'est ce qui fait que les lois proclament, une chose vaut ce qu'elle peut être vendue (1).

Et Soto : Ce qui fait la valeur des choses *c'est leur utilité, ce n'est pas leur valeur intrinsèque*, la valeur d'une chose consiste dans le besoin qu'on en a. Et au besoin nous entendons ajouter non seulement ce qui est nécessaire à la vie mais aussi ce qui l'égaye et l'embellit (2). Dans les *Variæ Resolutiones* de Covarruvias nous lisons : La juste valeur d'une chose ne vient pas des goûts ou des défenses d'un particulier, mais de la commune estimation des hommes (3).

Molina place la valeur des choses dans leur utilité, leur correspondance au besoin de l'homme (4).

C'est donc le besoin, l'utilité des choses qui forment le fondement de leur valeur. Le mot besoin a d'ailleurs un sens parfaitement relatif : besoin essentiel, besoin factice, passionnel, tout ce qui est satisfaction d'un penchant de la nature a de l'importance et peut servir de base à la valeur des choses. C'est ce qu'Azorius semble reconnaître lorsqu'il dit : « Cette utilité n'est pas

(1) Nider, *De cont.*, ch. II, p. 567.

(2) Soto, *De just. et jure*, liv. 6, quest. II, ar. III, p. 195.

(3) Covarruvias, *Variæ resolutiones*, liv. II, ch. III (*Op. omnia*, Lyon, 1606), p. 244 (*Bibl. Nat. Inv.* E. 695).

(4) Molina, *De justitia et jure* (Cologne, 1733), V. *De contractibus disput.*, 348, p. 229.

toujours la mesure de la valeur, des choses moins utiles valent parfois plus que de plus utiles. Ajoutons que c'est l'estimation commune qui fixe la valeur, aussi les prix subissent-ils l'influence de la variété des lieux, des temps, des peuples (1) ». Molina rend la même idée : « Il faut observer en outre que ce n'est pas l'importance du besoin relativement à la vie humaine qui détermine ce prix, mais bien plutôt le cas que l'on fait de l'objet en question ; exemple : une pierre précieuse a plus de valeur qu'une quantité considérable de froment. De même les Japonais attachent un grand prix à certains objets de fer ou de terre rongés de vétusté et qui ne sont chez nous d'aucun prix à cause de leur ancienneté ; il est évident que cette valeur ne vient pas de la nature de ces objets, ni de leur utilité, mais de l'estime particulière qu'inspirent aux Japonais les objets d'antiquité (2). »

Le besoin n'est pas le seul facteur déterminant de la valeur des choses, nos théologiens y ajoutent la rareté et le travail fourni pour obtenir chaque objet, chaque produit. Nous lisons dans le *De justitia et jure* de Soto : « Pour obtenir le juste prix, il faut se référer à un triple point de vue. Il faut regarder d'abord l'utilité de la chose, *son abondance ou sa rareté*. Ensuite le *travail*, *les soins*, *la peine*, *les risques* du commerçant. Le changement en bien ou en mal de la denrée, enfin le nombre

(1) Azorius, *Instit. morales,* partie III, liv. VIII, ch. XI, p. 685-686.
(2) Molina, *De contractibus*, disp. 348, p. 229.

des vendeurs et des acheteurs (1). » Molina dans le *De contractibus* écrit : « En troisième lieu plusieurs circonstances influent sur le prix : abondance ou rareté des produits ; grand nombre des acheteurs, abondance ou pauvreté du stock monétaire (2). » Azorius et Medina font aussi rentrer dans le prix : les services que le marchand rend à l'État par *l'apprêt, le transport et la conservation* des marchandises (3).

En somme nous pouvons dire que nous retrouvons ici comme base de la valeur ces éléments que plus haut nous indiquait Biel : le besoin, la rareté, la difficulté de produire.

§ 2. — Le juste prix.

C'est à la valeur des choses ainsi déterminée que doit correspondre le juste prix. Mais avant de voir comment il convient de l'établir, nous rechercherons quel est son caractère.

Comme tous ceux qui les avaient précédés nos théologiens reconnaissent que le juste prix n'est pas strict : *punctualiter determinatum*, sauf au cas où il y a tarif légal, mais qu'il comporte une certaine latitude *quamdam latitudinem*. Dans ses *Institutions*, Azorius se pose la question : le prix est-il précis et défini, consiste-t-il, suivant l'expression, *in indivisibili* ? Il répond : Le prix

(1) Soto, *De just. et jure*, liv. VI, q. II, ar. III, p. 195.
(2) Molina, *loc. cit.*, p. 229.
(3) Azorius, *Instit. morales*, p. III, liv. VIII, ch. XXI, p. 687.

fixé par la loi est précis et on ne peut le dépasser sans violer la justice. Mais le prix naturel comporte trois degrés, il est *summum*, *medium*, et *infimum*, et dans chacun de ces degrés la justice est observée (1). Nider au chapitre II de son traité *De contractibus* s'exprime ainsi : « Il ne faut pas croire que le prix d'une chose puisse être exactement déterminé, Scot dit bien que ceci est presque impossible. Aussi le juste prix que la justice commutative recherche est large et il n'est point nécessaire de déterminer dans cette latitude un point quelconque (2). » Covarruvias pose ce principe : « *Non consistere (justum pretium) in puncto individuo sed in mediocritate quadam quæ latitudinem habet per gradus* (3). » Le juste prix, selon Medina, comprend trois degrés : « *Quidam gradus rigidus, quidam pius seu infimus, quidam medius* » ; pourvu que le juste prix ne dépasse pas ces limites on reste dans la justice ; si l'on s'en écarte la vente est entachée d'injustice. Cette vérité est essentielle, car si on ne l'admettait pas les marchands ne pourraient jamais avoir une conscience tranquille, car à moins d'une révélation spéciale de Dieu on ne saurait jamais si l'on est au juste prix ; en outre ce qui détermine la plupart du temps le juste prix, c'est une estimation commune, or dans cette situation les hommes ne peuvent se rencontrer tous au même chiffre. Le

(1) Azorius, *Inst. morales*, *loc. cit.*, p. 617.
(2) Nider, *De contract.*, ch. II, p. 567.
(3) Covarruvias, *Var. resol.*, liv. II, ch. III, p. 243.

juste prix ne peut donc être fixé à un taux unique et indivisible (1). Dans cette dernière phrase Medina admet que le prix légal même peut comporter un maximum et un minimum.

La détermination du juste prix peut donc se faire d'une façon assez large. Mais à qui doit-elle être abandonnée ou confiée. Sera-ce le législateur qui déterminera lui-même cette base des échanges, ou laissera-t-on le juste prix se fixer au gré des parties suivant les influences diverses de la concurrence ? Les théologiens ont envisagé ces deux solutions.

Le juste prix peut être déterminé par la loi ou se fixer de lui-même sans l'intervention de l'autorité publique et suivant les circonstances naturelles. Dans le premier cas c'est le *pretium legitimum* et dans le second cas : le *pretium naturale*. Le prix, dit Azorius dans ses *Institutions morales*, se fixe de deux manières : ou il est fixé par le législateur, c'est-à-dire par la constitution du Royaume ou de la République, par les édits du préteur, ou l'autorité des sénateurs ou par l'estimation commune des citoyens. Dans le premier cas il est dit *legitimum* c'est-à-dire posé par la loi, par la constitution ; dans le second il est dit *naturale*, non qu'il soit basé sur la nature des choses, mais parce qu'il provient d'une estimation commune sans aucune loi, il est donc issu d'une appréciation naturelle et non du sentiment ou de l'arbi-

(1) Medina, *De rebus restit.*, quest. XXXI, p. 200.

traire de l'acheteur, du vendeur, du prince, de la République ou du préteur (1). « Dans le premier cas le prix est précis, défini, on ne peut le dépasser sans violer la justice *consistit in indivisibili*. Le prix naturel au contraire est large, il comporte trois degrés : *summum*, *medium* et *infimum* et dans chacun de ces degrés la justice est observée (2). » Dans son *De rebus restituendis*, Medina dit aussi que le juste prix peut résulter de la loi, si celle-ci a pris soin d'établir des taxes. A défaut de la loi il résulte des cours, de l'estimation commune. L'auteur examine ensuite les reproches que l'on peut faire à ces deux procédés : « On peut objecter que la première règle n'offre pas une complète certitude, les tarifeurs peuvent donner une taxe supérieure ou inférieure au juste prix, guidés par la haine ou la faveur, influencés par les suppliques, les dons ou tant d'autres causes qui peuvent les corrompre. On peut encore opposer leur ignorance, leur imprudence, leur impéritie, leur négligence à s'enquérir de tous les éléments nécessaires à la fixation. En outre en admettant que la taxe ait été exactement établie, il n'en est pas moins vrai qu'avec le temps, les événements, les prix varient, faudra-t-il à travers ces variations conserver la même taxe ? La seconde règle qui se réfère au prix courant paraît se rapprocher davantage de la vérité, puisque ce prix varie avec les circonstances. Cependant cette règle

(1) Azorius, *loc. cit.*, p. 685-686.
(2) Azorius, *loc. cit.*

offre aussi des difficultés, les estimations peuvent en effet différer et les avis sont souvent opposés et parfois contradictoires. En outre, je le demande, cette estimation sera-t-elle le fait des marchands ou des particuliers. Si la règle vient des marchands, elle est suspecte, car on peut supposer que ceux-ci formuleront une appréciation excessive. Si la règle vient des particuliers, il est certain que ceux-ci seront plus circonspects dans leur appréciation, mais ils seront moins expérimentés, ignorants qu'ils sont des sacrifices faits par les marchands. Si la règle provenait de l'entente entre marchands et acheteurs, il n'en resterait pas moins que la valeur de la chose serait sujette à bien des fluctuations. Elle dépend du temps, du lieu, du mode de la vente, de la quantité des amateurs. Tout cela peut changer le prix d'un objet sur la valeur duquel l'entente a été faite (1). Medina répond de suite aux objections qu'il a formulées, il conseille de s'en tenir aux règles susénoncées à condition qu'elles soient intelligemment interprétées. « Lorsque l'autorité publique a déterminé le juste prix, celui-ci doit être accepté comme tel ; pourvu que les taxateurs n'aient été ni corrompus, ni trompés, il faut présumer qu'ils ont apporté toute la diligence nécessaire dans la détermination du juste prix et c'est à eux qu'il appartient aussi de changer ou de conserver la taxe suivant les circonstances. Si le prix résulte d'une valeur courante pro-

(1) Medina, *De rebus restit.* quest. XXI, pp. 195, 196, 197.

venant d'une estimation commune, il doit être tenu pour juste par ce fait qu'il se trouve toujours dans l'État des personnes sages capables d'apprécier et dont l'influence contribue à l'établissement du juste prix. Dans ce cas il n'est pas tenu compte des dépenses ou des risques des marchands. S'ils se tiennent au juste prix, il leur arrive alors tantôt de gagner, tantôt de perdre et c'est le sort des marchands d'être ainsi exposés à la perte et au gain (1). » Soto dit également : « Le juste prix peut être de deux natures, il est légal c'est-à-dire fixé par la loi, ou naturel. Le premier est indivisible, le second est divisible. Le prix devrait toujours être réglé par le législateur, mais comme cela lui est impossible dans chacun de ces cas, souvent c'est l'estimation des vendeurs et des acheteurs qui le fixe. On l'appelle naturel parce qu'il est alors déterminé suivant la nature des choses (2). » Molina reconnaît aussi l'existence d'un tarif légal : « Le prix fixé par la loi *legitimum*, celui-là est indivisible, la vente doit être faite exactement au taux qu'il indique. Mais il y en a un autre qui existe pour chaque chose en dehors de toute loi et de tout décret, c'est le prix naturel. S'il est ainsi nommé ce n'est pas qu'il ne dépende d'une façon notable de l'estimation des hommes, qui souvent estiment plus une pierre précieuse que beaucoup d'autres choses d'une nature plus excellente et plus utiles à l'homme ; ce n'est pas non plus qu'il ne soit très changeant et très

(1) V. Medina, *loc. cit.*, pp. 198-199.
(2) Soto, *De just. et jure*, liv. VI, q. II, a. III, p. 195.

variable ; mais on l'appelle naturel parce qu'il dérive des choses elles-mêmes sans aucune taxation légale ; mais il est à la merci d'une foule de circonstances, qui le font varier, il dépend du sentiment, de l'estimation des individus, des usages divers dont l'objet est susceptible et quelquefois du bon plaisir et de l'arbitraire. Et justement parce que ce prix ne dérive pas purement de la nature des choses, mais des circonstances qui influent sur lui, et ce qui est plus, du sentiment des hommes, de leur bon plaisir, il s'ensuit qu'il n'est pas indivisible, mais qu'il comporte une certaine latitude. Il ne faudrait pas croire d'ailleurs que cela provient seulement de l'incertitude du jugement humain, de la diversité d'esprit des hommes, mais que par nature même le prix est toujours indivisible, si le jugement humain ne peut exactement le percevoir ; il faut ajouter que les appréciations d'où dépendent les prix sont aussi variables (1). » Molina distingue aussi dans le prix naturel le prix *supremum*, *medium* et *infimum*. La différence entre les différents degrés est d'autant plus grande que la chose est plus appréciée. Tant que la latitude du prix n'est pas dépassée, la justice est respectée. Quant au prix légal il est postérieur au prix naturel et la loi ne détermine le prix légal que *intra latitudinem justi naturalis* (2). Établi d'après les limites de l'équité, toutes choses ayant été pesées, le prix légal est indivisible et

(1) Molina, *De contractibus*, disp. 347, p. 227.
(2) Molina, *De contractibus*, disp. 347, p. 227.

l'autorité publique peut forcer chaque sujet de l'État à s'y tenir ; elle restreint ainsi la latitude du juste prix à un taux indivisible, quiconque transgresse le tarif ainsi établi viole la justice comme s'il outrepassait la latitude du juste prix et il est tenu de restituer ce qui excède le tarif légal (1).

Les docteurs reconnaissent généralement que, pour obliger en conscience, le tarif légal ne doit pas excéder les limites de la juste valeur. L'autorité publique doit en effet mettre un frein à l'avarice humaine pour le bien commun, mais elle ne doit pas agir en dehors des limites de la raison et de l'équité et sans avoir égard au concours des circonstances.

Aussi on ne pourrait établir un égal tarif pour un temps de disette et un temps d'abondance.

Molina tire de ces considérations diverses conséquences. Une loi portée par un temps d'abondance ne peut s'appliquer au cours d'une année suivante frappée de stérilité ; si le prince en exigeait l'application, elle n'obligerait pas en conscience. Si la stérilité n'est pas assez grande pour que la loi soit jugée déraisonnable et injuste, il convient d'en observer provisoirement l'application et de demander au prince le remaniement des tarifs. Dans le doute sur le bien fondé de la loi, il convient également de s'y soumettre.

Si la loi est manifestement injuste, et cela peut venir

(1) V. Molina, *De contr.*, disp. 364, p. 270.

de la malhonnêteté des conseillers du roi, de leur inexpérience ou de leur négligence, les acheteurs sont alors tenus, si le tarif n'atteint pas le juste prix, de combler la différence.

Ceci doit s'appliquer même aux acheteurs de bonne foi ; si toutefois ils ont consommé la chose ils ne sont tenus à restituer que dans la mesure où ils se sont enrichis.

Quant aux promoteurs de la loi, ils sont tenus à réparer les dommages survenus aux particuliers, du jour où la loi a cessé d'être l'expression de la justice, à moins que l'ignorance ne soit leur excuse (1).

Medina et Azorius sembleraient d'avis contraire. Ce dernier se demande si lorsque le prix du blé a été fixé par la loi on doit s'y tenir invariablement. La raison de douter vient de ce que les qualités du froment peuvent être différentes, la quantité augmenter ou diminuer et par là influer sur le prix ; la loi fixe un prix immuable, est-ce juste ?

Azorius est de l'avis de Medina ; quand il y a un prix légal, peu importent les variations de qualité ou de quantité, ce ne sont que des accidents, la loi vise l'état de choses ordinaire et le prix légal se tient dans une juste moyenne qui doit être suivie (2).

Le juste prix sera donc fixé par la loi ou par le concours naturel des circonstances, cependant n'est-il pas

(1) Molina, *De contr.*, disp. 364, p. 271 et suiv.
(2) Azorius, *Instit. morales,* partie III, liv. VIII, ch. XXII, p. 691-692.

préférable de l'avis de nos auteurs de recourir à l'une ou à l'autre méthode? N'y a-t-il pas des cas où la tarification s'impose?

Quelles sont d'abord les choses que l'on peut taxer? Azorius répond : toutes les choses nécessaires à la vie ; les logements, les locations sont aussi dans ce cas. C'est pourquoi dans les écoles publiques, les magistrats ont l'habitude de taxer les locations ; les décurions et les sénateurs ont le pouvoir de tarifer le prix des denrées qui sont vendues quotidiennement sur la place publique. Ailleurs les lois décrètent le prix de la mesure de blé ou du pain (1). Lorsqu'il s'agit ainsi de marchandises qui intéressent au plus haut point le bien public, puisqu'elles sont nécessaires à la vie, à l'existence de l'homme, il est plus sage de recourir à la taxation que de les laisser vendre au prix courant. En effet, dit Soto, les marchands ont la soif du gain, cette avarice les aveugle et les conduit à frauder. Aussi quand la loi ne fixe pas les prix, il est bon de ne pas s'en tenir exclusivement à l'appréciation des marchands, mais d'avoir recours à l'arbitrage des sages et des justes (2).

Mais il peut arriver que, dans certains cas exceptionnels, le prix légal comme le prix courant fassent défaut. Comment devra-t-on alors déterminer le prix? Medina expose d'une façon très complète cette question : « S'il n'y a pas de taxe établie, ou que le prix d'une denrée

(1) V. Azorius, *loc. cit.*, p. 689-690.
(2) Soto, *De just. et jure*, liv. VI, quest. II, ar. III, p. 195.

ne soit pas courant, vu la rareté de cette denrée sur le marché, alors beaucoup de choses sont à considérer, soit *de la part du vendeur*, soit *de la part de l'acheteur*, soit du côté *de la marchandise même*.

Chez le vendeur, on doit tenir compte des dépenses, du travail fourni, de la peine, des soins, des risques. Chez l'acheteur, on considère le besoin, la quantité plus ou moins grande de demandes, l'utilité et les services que peuvent lui rendre les denrées désirées. En ce qui concerne les marchandises, il faut observer leur rareté ou leur abondance, leur productivité, leur utilité, l'état d'amélioration ou de détérioration dans lequel elles se trouvent. Medina constate que cette règle renferme une grande incertitude : « L'appréciation des marchands n'offre guère de garanties, ils connaissent bien leurs charges, mais ils sont aveuglés par l'amour du gain. De plus, les circonstances du négoce ne sont pas les mêmes pour tous. Quant aux considérations qui ont trait aux acheteurs, elles offrent aussi des difficultés : si l'on dit, en effet, qu'une chose a d'autant plus de valeur qu'elle répond à un plus grand besoin, il s'ensuit qu'on peut vendre plus cher aux pauvres qu'aux riches. On devrait en dire autant pour les étrangers et les voyageurs qui ont des besoins plus pressants que les régnicoles, or il n'est pas permis de profiter ainsi de la détresse de l'acheteur : d'abord parce que le vendeur ne peut vendre ce qu'il n'a pas et aussi parce qu'on pourrait demander un prix sans limites pour les choses nécessaires à la vie.

Ainsi en temps de famine, on pourrait vendre le pain aussi cher que possible ; en temps de peste, on pourrait exiger un prix indéterminé pour des médicaments et des soins. Ces difficultés sont sérieuses, toutefois Medina pense qu'il faut s'en tenir à cette méthode, tout en faisant cas de la valeur des choses en elles-mêmes et à condition que les vendeurs n'aient fait que des dépenses sages et utiles et que leur négoce soit utile au bien de l'État (1).

Molina examine le même cas à propos de choses nouvellement importées dans le pays. Le prix courant n'existe pas encore, comment arriver à déterminer le prix de vente ? Ceci est laissé *arbitrio prudentium*, ils se basent sur la quantité, la qualité, l'utilité de la chose, les frais et les risques des importateurs. Ces sages peuvent être les *Reipublicæ moderatores*, soit *ipsos venditores et emptores*. La doctrine de notre théologien est large : « On ne peut, dit-il, ceci étant observé, taxer un prix d'injustice parce qu'il offre un gain élevé, la rareté, la nouveauté de la chose peuvent justifier ce gain (2). »

En dehors du prix légal et du prix naturel pour les denrées courantes, il y a donc ce qu'on peut appeler un prix spécial pour les produits qui ne sont point dans cette catégorie. Mais ces trois sortes de prix n'en sont pas moins trois formes différentes du juste prix.

(1) Medina, *De reb. restit.*, quest. XXXI, pp. 197, 198, 199.
(2) Molina, *De contract.*, disp. 348, p. 230.

§ 3. — Exceptions au juste prix.

Il nous faut rechercher s'il n'existe pas dans la vente des cas où les parties peuvent légitimement enfreindre cette règle du juste prix.

Nous avons vu chez les canonistes que nous avons étudiés précédemment, que le vendeur pouvait toujours exiger un prix plus élevé lorsqu'il éprouvait un dommage du fait de la vente ; mais que, d'autre part, il ne pouvait faire entrer en ligne de compte les avantages tout personnels qui résultent de la vente pour l'acheteur.

Les théologiens des XIVe et XVe siècles ont été fidèles à ces principes.

Nider en citant l'opinion de Scot et de saint Thomas déclare que le vendeur peut faire entrer dans le prix *le dommage qu'il a éprouvé*, mais non l'avantage que l'acheteur doit en ressentir. Le vendeur peut aussi augmenter *le prix d'une chose qu'il voulait conserver en prévision d'une augmentation de valeur*, déduction faite des dépenses qu'il prévoyait avoir à faire pour sa conservation (1). Azorius pose aussi cette question dans ses *Institutions* : *An venditor possit pretium augere ob damnum* ? Azorius répond avec saint Thomas, Rosella, Sylvestre, Medina, Conrade, Soto et autres docteurs que le vendeur peut : *tanto pluris vendere, quanto majus est damnum quo afficitur*, pourvu qu'il avertisse l'acheteur

(1) Nider, *De contract.*, ch. II, p. 568.

de la situation que lui fait la vente et qu'il ait été amené à vendre sur la demande de l'acheteur et non de son propre mouvement. — Faut-il reconnaître le même droit à l'acheteur ; peut-il acheter un prix moindre à raison d'un dommage subi, ou de la gêne qu'il éprouve en achetant ? Les avis sont partagés : Sylvestre, Medina, Navarre disent que le droit de l'acheteur est semblable à celui du vendeur. Soto n'y voit pas un droit, mais une liberté accordée à l'acheteur et qui résulte de ce que les offres du vendeur avilissent la marchandise. Azorius partage le même avis· *quoniam res periculis objecta, vel oneri vel liti subjecta, minoris æstimatur ac emitur.* Mais Azorius n'accorde pas au vendeur le droit d'augmenter le prix à raison du cas particulier qu'il fait de sa propriété, *pretia non augeri ex affectu venditorum*, ni à raison de l'utilité, des avantages procurés à l'acheteur, *hoc esset emptoris utilitatem et commodum vendere* (1).

Molina donne également son avis dans le même sens : le vendeur peut faire éprouver à l'acheteur *tale detrimentum quin et privationem voluptatis... accipiendo aliquid ultra commune pretium* (2). Molina est ici plus large qu'Azorius, il admet l'augmentation du prix ayant pour cause *privationem voluptatis*.

Tout ceci en effet, dit Molina, c'est le bien du vendeur et il n'est pas tenu de souffrir pour l'acheteur. Mais il y a une condition, c'est que l'acheteur sache,

(1) Azorius, *Instit. mor.*, p. III, liv. VIII, ch. XXI, p. 687.
(2) Molina, *De contract.*, disp. 348, p. 230.

connaisse cette situation faite au vendeur et résultant de la vente et que néanmoins la vente ait lieu sur ses instances. La réciprocité existe dans le cas où c'est l'acheteur qui voit sa situation compromise : quand la vente est utile au vendeur, mais que l'acheteur y est indifférent ou se trouve lésé, s'il a donné son acceptation par charité ou sur les prières du vendeur, alors il peut *acheter à un taux moindre que celui du juste prix*, cette quantité en moins sera déterminée par les circonstances (1). Medina, Sylvestre, Soto, Navarre sont en ce sens.

Medina développe la même idée à la question XXXII du *De rebus restituendis : Si la vente cause un dommage au vendeur, ou l'empêche de poursuivre un gain certain ou probable*, le vendeur peut évaluer le dommage qu'il éprouvera de cette vente. Dans ce cas il faut, bien entendu, que la vente ait été demandée par l'acheteur. En effet, celui qui a apporté un obstacle réel à la poursuite d'un gain est tenu de donner un dédommagement. Le gain est en effet une chose du patrimoine qui n'y est pas encore entrée, mais qui doit y entrer à condition de poser un acte déterminé. Si celui qui l'empêche n'est pas obligé comme s'il causait la perte d'une propriété certaine, il contracte cependant une obligation, tel celui qui empêcherait un arbre de produire, une semence de germer (2).

(1) Molina, *De contract.*, disp. 351, p. 237.
(2) Medina, *De rebus restit.*. q. XXXII, p. 205.

Le *damnum emergens* est donc de nouveau reconnu comme une cause d'augmentation du prix et on a en outre ajouté le *lucrum cessans* : la privation d'un gain même probable pour l'une des parties peut motiver une infraction au juste prix.

Notons aussi parmi les infractions au juste prix un cas spécial signalé par Azorius qui invoque d'ailleurs l'autorité de Soto, ce cas concerne les objets de luxe : « Pour les objets de luxe, dit-il, il n'y a ni prix légal, ni prix courant. On a coutume d'en tirer le prix le plus élevé que l'on peut. Azorius pense après Soto que l'on peut appliquer à ce genre de produits l'adage vulgaire : *Tanti res valet quanti vendi potest* (1).

Nous devons examiner maintenant certaines modalités de la vente qui constituent encore des exceptions à l'observation rigoureuse du juste prix : la vente à crédit, la vente à livrer.

Pour ce qui concerne la vente à crédit, la question est fort bien exposée dans la *disputatio* 357 du *De contractibus* de Molina. « Certains ont pensé, écrit-il, que la vente à crédit justifiait une augmentation de prix, le mode de vente lui-même justifierait cette hausse. La majorité des auteurs a rejeté cette opinion. Le droit y est contraire ; tous enseignent qu'il n'est plus permis de vendre plus cher à crédit qu'au comptant à moins d'une cause spéciale, comme le *lucrum cessans* ou une

(1) Azorius, *Instit. mor.*, III, liv. VIII, ch. XXII, pp. 687-688.

autre semblable. Ensuite le bénéfice ainsi réalisé paraît tiré d'un prêt où l'usure est voilée, or l'usure est prohibée par le droit divin et naturel. Covarruvias justifie la vente à crédit par cette considération : l'intérêt de la société, le bien public exigent ce mode de vente, dit-il, parce que les marchands ne peuvent trouver autant d'acheteurs au comptant que l'exige la quantité de leurs marchandises. Soto justifie aussi ce mode de vente, mais dans le cas seul d'importation par mer, car alors les commerçants ne peuvent immédiatement vendre au comptant leur cargaison entière, le prix des produits est dans ce cas non celui qui est alors courant pour ventes au comptant, mais celui de l'époque du paiement.

Quant à Molina il distingue : dans le cas d'importations considérables, une foule d'acheteurs se présentent pour acheter les produits et les revendre ensuite, et c'est alors que l'argent manque pour solder les marchés au comptant, on vend donc à crédit; ici notre auteur ne pense pas qu'il y ait d'injustice à vendre plus cher qu'au comptant, car étant donné la grande quantité de marchandises et le peu d'argent, il aurait été nécessaire de trop baisser les prix au-dessous du *pretium justum*, et cependant les acheteurs ne manquent pas, leur pauvreté n'est point en cause, mais le numéraire n'est pas suffisant pour les besoins? Si l'on ne vendait qu'argent comptant, on obtiendrait le résultat suivant : les premiers acheteurs feraient une grande fortune, ils achèteraient presque à vil prix et revendraient beaucoup plus cher en raison de la diffusion de leurs produits transportés dans diverses contrées.

Aussi lorsque Soto vise ce genre de négoce il a raison. Mais si, à cause du petit nombre d'acheteurs ou de circonstances tout autres, les marchandises n'atteignent pas cette valeur, s'il n'y a point pénurie de numéraire, alors toute vente à crédit faite au-dessus du juste prix devient usuraire et l'excédent du juste prix est sujet à restitution.

Cependant, bien que le délai accordé dans le paiement soit en fait une opération de prêt, comme le prix, s'il n'est pas taxé par la loi, n'est pas indivisible, il se peut que diverses circonstances le fassent augmenter : en effet le crédit accordé peut augmenter le nombre des acheteurs, par cette offre nouvelle, les facultés d'achat se trouvant augmentées ; dans ce cas, l'élévation du prix peut avoir lieu de deux manières : d'abord comme compensation du délai accordé, alors il y a usure. Ou encore l'augmentation résulte de l'affluence des acheteurs séduits par le crédit accordé et alors le gain ne vient pas du délai, il n'y a pas usure, mais enflement du prix. Ceci d'ailleurs ne peut avoir lieu que quand il n'y a pas de prix légal. Dans ce dernier cas, en effet, il ne peut y avoir enflement du prix (1).

Molina et les théologiens se sont donc absolument refusés à voir dans le crédit une cause légitime de hausse

(1) Molina, *De cont.*, disput. 357, pp. 255-256.

des prix, c'était une conséquence de la prohibition de l'intérêt. Nous avons toutefois relevé une exception dans Nider : on peut admettre, dit-il, que le vendeur vende plus cher à cause du retard dans le paiement : *si non intendat vendere carius propter tempus sed propter damnum et laborem, quem imminere sibi videt in procuratione solutionis habendæ* (1). Remarquons d'ailleurs que cette exception n'est pas fondée sur la privation que le vendeur s'engage à supporter par le crédit qu'il consent, mais sur l'incertitude où il se trouve de rentrer dans ses fonds et les démarches auxquelles il sera peut-être obligé de recourir.

Dans la vente à livrer, le prix doit être déterminé eu égard à l'époque de la livraison. C'est donc le juste prix de cette époque et non le juste prix du temps du contrat que l'on doit avoir en vue (2). Medina observe que cette vente avec paiement anticipé peut avoir lieu de deux manières : le prix peut être déterminé au moment du contrat selon le taux que l'on croit être le juste prix au moment de la tradition, alors quoi qu'il arrive et bien qu'on se trouve en deçà ou au delà du juste prix : *infra aut ultra dimidiam justi pretii*, à cette époque, le contrat est juste et on doit s'y tenir. Il n'y a pas eu tentative de fraude; le prix a été établi suivant l'estimation commune quoi qu'il pût arriver plus tard en fait ! C'est l'exemple du coup de filet, le prix n'est point basé sur la chose, mais

(1) Nider, *De contract.*, ch. II, p. 568.
(2) Molinæ, *De contr.*, disp. 358.

sur une espérance. Autre mode : la vente peut avoir lieu au prix courant au moment de la livraison ; alors elle est pleinement valable (1).

Il y a un autre cas que nous avons déjà vu traiter par Henri de Gand. Un vendeur sollicité de vendre et de faire crédit jusqu'à une époque déterminée, y consent bien qu'il ait eu l'intention de conserver sa chose jusqu'à cette époque éloignée où elle devait avoir une valeur plus grande. Dans ce cas peut-il légitimement fixer le prix de vente sur le prix courant à cette date future ? Oui, répond Covarruvias, s'il y a doute sur la valeur de la chose au moment du contrat. Mais il faut avoir soin de défalquer du prix les frais que ferait le vendeur pour conserver la chose. En second lieu il apparaît que le vendeur ne doit point stipuler le prix *majus sed mediocre, vel communis* (2) ; Medina et Scot sont en ce sens. C'est d'ailleurs une conséquence de l'admission du *lucrum cessans*.

§ 4. — Conséquences des infractions au juste prix.

Nous avons vu que le juste prix était de deux sortes, juste prix légal, juste prix naturel. Le premier était strict, indivisible, jamais les contractants ne pouvaient éluder son tarif, il s'imposait à la lettre. Le second au contraire était large, il comportait une certaine latitude. Il avait pour ainsi dire un maximum: *pretium supremum*,

(1) Molina, *De contract.*, disp. 358, p. 257.
(2) Covarruvias, *Variæ resolutiones*, liv. II, ch. III, p. 245.

et un minimum : *pretium infimum*, et dans cette mesure les parties pouvaient se mouvoir librement. Le prix légal pouvait lui aussi d'ailleurs être établi avec maximum et minimum. Si l'on n'observait pas le tarif ou si l'on dépassait les limites fixées, quelles étaient les conséquences ?

Soto nous les indique : le prix légal est indivisible parce qu'on ne saurait en aucune façon l'augmenter ou le diminuer, au contraire le prix qui n'est pas fixé par la loi laisse une certaine liberté, il y a le prix extrême, le prix moyen et le prix pie (*pium*). Mais si l'on dépasse la limite fixée, est-on coupable ?

Si de la vente résulte une lésion supérieure à la moitié du juste prix, alors il peut y avoir rescision du contrat, ou la partie lésée peut exiger la restitution de ce qui excède le juste prix ou le complément de ce qui manque. Le choix est à la partie lésée. Le droit canon admettait ces solutions.

Si la lésion a été inférieure à la moitié du juste prix, une objection a été faite : la loi civile permet aux contractants de se frauder dans une certaine mesure ; tant que la violation n'est pas supérieure à la moitié du juste prix : *infrà dimidiam partem*, il n'y a pas faute. Mais si elle est supérieure : *ultra dimidiam partem justi pretii*, alors il y a faute. Soto cite plusieurs opinions. Une première opinion de Durand, Conrade : selon ces théologiens il est permis au vendeur d'excéder le juste prix pourvu qu'il ne dépasse pas la moitié.

Gerson se rapproche de cette opinion : il dit que celui qui a fait une fraude de ce genre pèche, même mortellement *si excessus est notabilis*, mais n'est pas tenu à restitution. La raison est celle-ci : on ne fait pas d'injustice à qui consent.

Mais quoi qu'en dise Gerson tous les théologiens sont à peu près d'accord sur cette question.

Il apparaît clairement, continue Soto, au nom du droit naturel et du droit divin que les lois civiles ou canoniques ne permettent pas la lésion inférieure au juste prix comme tolérée par la justice de Dieu, et ceci résulte du précepte divin : « ne faites pas aux autres ce que vous ne voudriez pas qu'on vous fît à vous-mêmes ». Or personne ne désire être atteint par la fraude. Et à la vérité le contrat d'achat et de vente a été institué pour l'utilité commune, aucune des deux parties ne doit éprouver de dommage de la part de l'autre. Au point de vue du droit naturel la démonstration est la suivante : observer la justice dans l'échange est un précepte de la loi naturelle, aucune loi humaine ne peut donc l'abroger. En troisième lieu s'il était permis de tromper sur le prix, même d'une quantité inférieure à la moitié, il devrait être licite également de tromper sur la mesure. Or ceci est évidemment répréhensible et quiconque s'en est rendu coupable est tenu à restitution. Autre argument : si la lésion dépasse la moitié du juste prix il y a obligation de restituer, on ne peut le nier. Mais alors la restitution doit comprendre ou tout ce qui dépasse le juste prix ou seulement ce qui dépasse le juste prix plus la moitié, mais on se garde bien d'admettre ce second point. Il découle de cela que dans les lésions qui ne dépassent que de peu le juste prix, la restitution doit aussi avoir lieu. Il serait étrange, en effet, que, si une chose vaut dix et qu'on l'achète seize, la restitution soit de six et que si on l'achète quatorze il n'y ait lieu à aucune restitution ! Remarquons ici la faiblesse de l'argument de Gerson alléguant cette règle de droit : *scienti et volenti non fit injuria*. Si l'acheteur achète *sciens* et *volens* il n'en est pas moins vrai que le juste prix lui était inconnu et il a acheté pensant que la valeur de l'objet était celle que le vendeur demandait. On objecte encore : la loi humaine a pu par le transfert de propriété libérer le vendeur de toute restitution, comme par prescription. Nous répondrons : non, car les raisons ne sont pas les mêmes. La prescription a pour but d'obvier aux procès, elle s'impose aux propriétaires négligents ! Au contraire dans le contrat de vente tous ne peuvent connaître le prix de chaque chose. Ils sont de bonne foi en achetant et il n'est pas juste qu'ils soient lésés. De plus dans la prescription le possesseur est de bonne foi, le marchand qui fraude ne peut être placé sur le même pied.

Pour conclure sur ce sujet, nous dirons que, si la loi n'a pas obligé à restitution en cas de lésion de moins de moitié, c'était pour ne pas créer la source de nombreux litiges et aussi parce que cette lésion est difficile à apprécier. C'est pourquoi saint Chrysostome a pu dire: ce que nous permettons, nous l'autorisons contre notre gré parce que nous ne pouvons l'empêcher, à cause de l'obstacle des volontés humaines , or il ne faut pas seulement considérer ce qui est toléré, mais ce qui est honnête. Bien qu'il soit permis aux contractants de se frauder, ceci n'est pas le fait d'un honnête homme. Il n'y a donc aucun doute, les résultats du vol ou de la fraude, qu'ils viennent du vendeur ou de l'acheteur, sont sujets à restitution, même sans disposition obligatoire (1).

Medina à la question XXI de son ouvrage exprime les mêmes idées : « Le juste prix comprend trois échelons: *quidam gradus rigidus*, *quidam pius seu infimus*, *quidam medius*, pourvu que le prix reste dans ces limites, la justice est respectée, si l'on s'en écarte la vente est entachée d'injustice... Celui qui donne un prix moindre que la juste valeur ou qui reçoit un prix supérieur est tenu à restituer la différence. Les théologiens et les juristes s'accordent lorsque la fraude dépasse la moitié du juste prix, mais lorsqu'elle est inférieure à cette quotité il y a divergence. Cependant dans ce cas aussi la restitution s'impose, celui qui lèse le prochain sans son consentement pèche en effet contre la charité et viole la loi naturelle, car il fait au prochain ce qu'il ne voudrait point qu'on lui fît (2). » Medina développe en-

(1) Soto, *De justit. et jure*, liv. VI, tit. II, a. IV, p. 197.
(2) Medina, *De reb. restit.*, quest. XXXI et XXXII, p. 201 et suiv.

suite les mêmes arguments que Soto (voir *De rebus restituendis*, question XXXII).

Molina reproduit la même argumentation que les précédents auteurs, il invoque l'autorité de saint Paul, saint Augustin, saint Thomas (voir disputatio 350) et déclare que même pour une violation *infrà dimidiam partem justi pretii*, la restitution est due non seulement en conscience mais aussi *in foro exteriori* (1).

Il ressort de cet exposé que dans tous les cas où le juste prix a été violé, le contractant qui a bénéficié de cette violation doit restituer à la partie lésée la différence en plus ou en moins, quelque légère que soit la violation. Molina suppose même que, dans le cas de tarifications du prix, une peine peut avoir été portée contre les contraventions aux tarifs.

Nous devons noter deux exceptions à cette obligation qui sont indiquées par Medina : *ratione ignorantiæ et ratione donationis admixtæ*. Dans ce dernier cas le vendeur n'est pas tenu à restituer l'excédent du prix, mais dans le premier, si l'erreur vient à cesser, le vendeur doit restituer ce qu'il a demandé en trop, l'ignorance en effet, valable en tant qu'excuse, n'a pas empêché l'acheteur d'être lésé (2).

§ 5. — Le commerce. — Le gain commercial.

Après avoir étudié l'achat et la vente en général, il

(1) Molina, *De cont.*, disp. 350, pp. 235-236.
(2) Medina, quest. XXXII, p. 205.

nous faut voir quelles ont été les théories de nos auteurs sur le commerce proprement dit.

Dans les ouvrages qui se rapportent à cette matière la question est généralement ainsi présentée : le commerce est-il licite ou illicite ? Nous verrons d'abord l'opinion des docteurs et nous dégagerons ensuite les principes généraux qui en ressortent.

Soto dans le *De justitia et jure* pose ainsi la question : *Utrum negotiatio sit licita aut illicita*? « On le nie ; sans doute la vente et l'achat sont nécessaires à la vie, accorde-t-on, quiconque manque d'un objet nécessaire l'achète de celui qui en est abondamment pourvu ! Mais le négoce est d'une nature toute contraire. Le négociant ne vend pas pour acheter ce qui lui manque, il achète pour revendre, ce qui est un acte pervers, le négoce n'est donc pas permis ! C'est pourquoi Aristote appelle contraire à la nature ce genre de commerce dont la fin n'est pas de pourvoir aux besoins de la vie, mais de réaliser des bénéfices ? Le commerce, dit-on encore, n'a pas de terme, au gain il veut toujours ajouter un gain. Le commerce est également cause de l'augmentation des prix, les marchands vendant plus cher qu'ils n'ont acheté, le peuple souffre donc de leur intermédiaire ! Enfin au point de vue moral les affaires se font avec quantité de dols, de supercheries, elles sont donc mauvaises. » En réponse à ces arguments, Soto distingue deux sortes de commerce : une première dans laquelle on achète une marchandise et on la revend après l'avoir travaillée. Mais cette première sorte de négoce se rattache plutôt à l'industrie qu'au commerce proprement dit. Une seconde sorte de commerce, celle dont Soto veut seulement s'occuper, consiste à acheter pour revendre et faire un bénéfice sans avoir aucunement travaillé la marchandise. Soto pense alors que dans cette seconde acception le commerce n'est ni un acte bon, ni un acte mauvais *sed indifferens ut comedere*; le but final peut seul permettre de porter un jugement ; c'était l'opinion de saint Augustin. *Le commerce a pour but le lucre*, alors l'acte commercial comporte quelque chose de honteux. Car ce lucre n'a rien de nécessaire ni d'honorable ! Mais le gain peut être réalisé avec d'autres intentions : le commerce sera estimable s'il est fait *dans l'intérêt public*, pour procurer au pays les denrées qu'il ne possède pas. Dans ce cas le commerçant rend service à ses concitoyens, il supprime pour eux la difficulté des distances. Et ce que l'on dit pour les *distances de lieu*, on peut le dire avec autant de raisons des *distances de temps* pour le négociant qui conserve dans ses magasins. — On pourrait songer à remplacer les marchands par des délégués spéciaux de l'État ? Ceci offrirait trop de difficultés ; il y a tant de branches de commerce ! — Si le gain commercial a encore pour but de *rétribuer le négociant de son travail*, de le dédommager de ses frais, de ses soins, il est encore légitime. — Soto reconnaît néanmoins que le négoce devient facilement illicite par suite des circonstances qui s'y mêlent, des fraudes, des dangers auxquels le négociant est exposé. Il fait naître bien plus que toute autre industrie ou tout autre emploi la passion du gain. Le laboureur, l'artisan se contentent de vivre de leur travail, les marchands au contraire soit parce qu'ils ont toujours l'argent aux mains, soit parce que leur profession est exposée aux coups de la fortune, poursuivent le gain avec avidité. Cette avidité absorbe leur esprit, les pousse au mensonge et à la fraude (1).

En somme l'idée de Soto n'est pas dans ses conséquences bien différente de celle de saint Thomas, ce qu'il veut prohiber dans le commerce c'est le lucre, mais si le commerce n'est pas inspiré par cette passion il est absolument permis. Soto n'a contre le commerce aucune prévention.

Molina distingue trois sortes de ventes : d'abord la vente où les contractants ont pour objet de pourvoir à leurs besoins et à ceux de leur famille *ad sustentationem suæ familiæ*, celle-ci est naturelle et légitime ; la vente d'objets auxquels on a incorporé un certain travail, celle-ci est également digne d'approbation, mais ce n'est pas là le négoce proprement dit ; enfin la vente où la chose vendue après avoir été précédemment acquise n'a subi aucune modification et cependant est revendue plus cher dans un but lucratif. C'est le véritable négoce, Cette troisième opération est-elle légitime ? Ainsi en-

(1) Soto, *De justitia et jure*, liv. VI, q. II, a. II, pp. 194-195.

tendu le négoce ne participe ni du vice ni de la vertu, c'est un ensemble d'opérations indifférentes. Cependant s'il a un but honnête il peut devenir utile et profitable. Il peut être utile au bien public, *il ne devient blâmable que par certaines circonstances qui l'entourent* : circonstances de fait, de personnes, de temps. Comment faut-il juger les revendeurs qui achètent des denrées à l'époque d'abondance pour les revendre plus tard à un prix plus élevé ? Ceci est une cause de cherté pour le pays, note l'auteur, mais si l'achat de denrées a été fait au juste prix et que la revente soit faite également au juste prix, il n'y a pas faute pour les revendeurs, car leur négoce a plutôt profité au bien public (1).

Nider dans ses commentaires sur le commerce se montre fidèle disciple de Scot et de saint Thomas : le négoce c'est-à-dire l'achat pour revendre est utile à la république ; le commerce où l'on ne recherche pas le gain pour lui seul, mais comme une juste rétribution du travail, est licite, honorable et utile, le marchand doit tenir compte, dans le prix de son travail, de ses soins et des risques encourus (2). Straccha distingue de même le commerce licite et le commerce illicite et ce dernier est celui qui a pour fin le lucre (3).

Medina conforme sa doctrine à celle de saint Augustin et de saint Clément. Pour lui aussi le commerce est

(1) Molina, *De contract.*, disp. 339 et 345, p. 210 et 214.
(2) Nider, *De contract.*, chap. III, p. 570.
(3) Straccha, *De mercaturâ*, partie I, n° 28, p. 344.

utile au bien public. Il ne peut être rendu suspect que par les procédés frauduleux qu'on emploie ou le but poursuivi. Comme le dit saint Augustin, les vices que l'on attribue au commerce sont plutôt ceux du commerçant que les défauts du commerce lui-même. Mais certaines circonstances peuvent vicier le commerce. Parfois ceci a lieu lorsque le négociant achète un objet et le revend sans qu'il ait subi aucun travail ni aucune amélioration, le but est alors le lucre seul, ce n'est pas l'utilité, le besoin ; ici il y a faute, car on recherche la jouissance au lieu de rechercher l'utilité. S'il est légitime en effet de posséder des biens accordés par Dieu et justement acquis, ces biens ne doivent pas être désirés pour eux-mêmes ainsi que le dit le Psalmiste : « Si les richesses affluent vers vous, ne vous y attachez pas ». Il est bon de rechercher le gain pour la satisfaction des besoins propres et de ceux de la famille, il est même bon dans cette intention d'économiser ; saint Paul a dit : Les parents doivent économiser pour leurs enfants. C'est pourquoi *si quelqu'un soutient qu'on peut désirer le gain dans le commerce, il ne mérite pas d'être condamné*, car ce gain peut être destiné à une fin meilleure : *possit in aliam finem meliorem ordinari*, comme satisfaire les besoins de l'État ou ceux des individus.

En somme toute la question pour nos théologiens se ramène à ce point de vue : le commerce a-t-il pour but le lucre, il est condamnable ; a-t-il pour but de procurer les choses nécessaires à la vie (et cela dans une acception très large), il est digne d'encouragements. Un bénédictin, Trithème, de la fin du XVIe siècle, nous paraît résumer assez exactement ce que son époque pensait du négociant : « Un marchand honorable, dit-il, que la soif du gain ne dirige pas uniquement, qui se guide en son négoce, d'après les lois divines et humaines, et donne volontiers aux nécessiteux en prenant sur ses revenus et ses bénéfices, mérite le même respect que les autres travailleurs. Mais ce n'est pas chose facile que de garder toujours une stricte probité lorsqu'on est engagé dans le commerce ; il est très aisé de devenir l'esclave de la cupidité en cherchant à grossir ses profits. Sans le commerce, il est vrai, la société ne saurait subsister, mais lorsqu'il devient trop puissant il lui est nuisible plutôt qu'utile parce que, engendrant la soif du gain, il énerve et amollit le peuple et développe le désir de jouir. Aussi les Pères de l'Église et le droit ecclésiastique nous mettent-ils en garde contre ses abus (1). »

Il est une remarque nécessaire à faire après cet exposé des doctrines des XIVe, XVe et XVIe siècles, c'est qu'à cette époque les canonistes ont abandonné cette prévention que manifestaient leurs devanciers contre le commerce. Saint Thomas avait de la défiance à l'égard du commerçant et s'il estimait le commerce licite, légitime pratiquement, c'est parce qu'il le considérait comme nécessaire à l'intérêt public : *negotiatio licita reddetur propter utili-*

(1) V. Delalys, *La valeur chez Karl Marx et les scolastiques* (Lille, 1899).

tatem publicam. Voilà ce qui permet au commerçant de vivre de son commerce : *lucrum expetit quasi stipendium laboris*. A l'époque de Soto et de Medina au contraire le commerce n'est plus regardé comme ayant quelque chose de « honteux en soi » mais comme indifférent, *indifferens ut comedere*, dit Soto ; ce n'est que le but final, s'il est répréhensible, qui peut le faire mal juger. Ainsi on a presque retourné l'idée de saint Thomas, le commerce est plutôt légitime en soi ; le commerce est permis, il est même utile à l'intérêt général, il ne peut être rendu suspect que par les procédés frauduleux qu'on emploie. On pense désormais, comme saint Augustin, comme saint Clément, que les vices qu'on croyait inhérents au commerce sont plutôt ceux du commerçant et ne viennent pas du négoce lui-même.

L'idée du juste prix s'est ainsi quelque peu élargie, cette valeur intrinsèque dont saint Thomas faisait la base du prix n'est plus acceptée au même titre. L'*æqualitas rei ad rem* purement objective fait place à une égalité où l'élément subjectif prend également son rang. A la rareté, à la difficulté pour produire viennent s'ajouter le besoin, l'utilité sociale ; à l'égalité objective *medium rei* succède une égalité morale *medium rationis*.

Mais il y a une chose qui demeure c'est la fixation du prix par les autorités sociales. Dans cette fixation, les autorités doivent se régler sur la valeur des produits et s'y conformer, le prix légal doit se conformer à la valeur des choses et en suivre les évolutions.

On a beaucoup reproché aux docteurs du Moyen Age ces mesures de tarifications. Mais peut-être aurait-on dû pour en faire une juste critique se reporter plus complètement à l'état social de cette époque. Aujourd'hui, en notre siècle de libre concurrence, ces deux facteurs : utilité et coût de production concourent l'un et l'autre à la fixation du prix. Plus le besoin est grand, plus le produit est cher, mais plus le produit est cher, plus le nombre des producteurs s'accroît et de la sorte le prix se trouve sans cesse ramené vers le coût de production et la surélévation du prix se trouve avoir un frein naturel. Mais au Moyen Age la libre concurrence n'existait pas comme à notre époque. Jusqu'au XVe siècle le commerce intérieur n'eut guère d'importance. Pendant tout le Moyen Age et au delà le commerce se faisait uniquement ou peu s'en fallait, de région à région, de nation à nation. « Ce n'est qu'à une époque relativement récente que le petit commerce de détail a apparu (1). » Les marchands étaient alors de grands personnages enviés et redoutés, bien au-dessus des artisans et des agriculteurs, constituant une véritable aristocratie. En France, dès le XIIe siècle, les marchands de Paris formaient une corporation puissante enrichie de privilèges par Louis le Gros. Celle-ci avait des droits réguliers,

(1) Gide, *Principes d'écon. politique.*

traitait avec des seigneurs, levait des impôts (1). L'exploitation du peuple ne tarda pas à être érigée en système par les hanses ou compagnies commerciales et les grands monopolistes. C'est ce qui explique dans une grande part l'aversion et la haine que les populations ressentaient pour le commerce au Moyen Age et dont nous trouvons l'écho dans les ouvrages des moralistes et écrivains de cette époque.

On pensera peut-être alors que ces tarifications du Moyen Age n'étaient point si dénuées de sens et d'utilité.

La théorie du juste prix, comme toute conception idéale, fut parfois trop rigoureuse dans ses principes et trop minutieuse dans ses applications, mais il faut reconnaître qu'elle vint à son heure et que suivant la parole de M. Espinas : elle eut sa raison d'être sur ces marchés extrêmement restreints où l'action bienfaisante de la concurrence ne pouvait s'exercer (2).

(1) V. Levasseur, *Histoire des classes ouvrières*, Paris, 1859.
(2) Espinas, *Hist. des doct. économiques.*

CHAPITRE IV

INFLUENCE DE L'IDÉE DU JUSTE PRIX SUR LES MESURES LÉGISLATIVES.

§ 1. — Vue générale sur les idées et les mœurs du Moyen Age.

Dans les différents contrats, écrivait Gerson au *De contractibus*, il s'établit un prix moyen, mais ce prix moyen est difficile à découvrir en raison des goûts différents et corrompus de l'homme ; aussi est-il plus expédient d'établir ce prix suivant le jugement d'un sage ; or dans une République, personne ne doit passer pour plus sage que le législateur. *Difficile est fatemur*, ajoutait le chancelier, *sed tam salubriter factibile apud homines bonæ voluntatis, quibus ex hoc esset pax et gloria Deo* (1). Cette parole ne fut point perdue et elle trouva écho chez le législateur du Moyen Age.

Tous les théologiens, nous l'avons vu, étaient partisans de cette tarification des prix, et leur influence considérable sur les cours et les monarques de l'époque provoquèrent l'intervention fréquente de l'autorité royale en matière de tarifs commerciaux. Certains de

(1) V. Gerson, *De contractibus, pars prima* (*vide suprà*).

nos docteurs étaient même les conseillers intimes des rois de France ; Gilles de Rome fut, dit-on, le précepteur de Philippe le Bel, et le chancelier Gerson eut une grande place dans les conseils de Charles V. Toute la tradition de l'Église s'imposait d'ailleurs aux rois catholiques, et nous trouvons la trace de cette influence dans l'ordonnance de 1312 rendue par Philippe le Bel, le roi déclare défendre toutes manières d'usures de quelque quantité qu'elles fussent : « comme elles sont de Dieu et des saints Pères défendues ». L'intervention de l'autorité publique est d'ailleurs générale à cette époque : tout est réglementé.

Au début du Moyen Age surtout, les marchés étaient restreints, la concurrence peu effective ; de plus, le grand commerce était souvent aux mains de sociétés puissantes comme la hanse parisienne, qui avait à Paris le monopole de la navigation de la Seine ; dans certaines villes, il était concentré entre les Juifs et les Lombards que leur situation particulière de banquiers et de fabricants de métaux précieux plaçait dans une situation très favorable. Dans son *Histoire des doctrines économiques*, M. Espinas écrit : « On ne connaissait pas alors les effets de la concurrence et, comme d'une part, les artisans ne savaient pas que la loyale fabrication et la production à bon marché sont les meilleures sources de bénéfices, comme d'autre part les acheteurs étaient plus défiants encore qu'ils n'eussent dû l'être et disputaient à l'artisan même son salaire légitime, l'industrie était entachée de fraudes et découragée par les bas prix. L'opinion déniait aux commerçants le droit de percevoir un gain pour les déplacements effectués et les risques encourus, on voyait dans tout approvisionnement commercial un accaparement et dans toute exportation d'aliments une menace de famine... Toute grande fortune non domaniale était réputée de source impure, et quelques bienfaits qu'ils répandissent autour d'eux, les grands négociants, surtout les banquiers, avaient quelque chose de néfaste. »

Comme le dit M. Espinas, les artisans, les fabricants eux-mêmes abusaient parfois de leur situation. Le marchand cherchait à tromper le client : les boutiques étaient obscurcies par de larges auvents, l'étroitesse des rues ne permettait déjà guère à la lumière de se répandre à l'intérieur, et plus l'obscurité était grande, dit M. Levasseur, plus il était facile au marchand de tromper l'acheteur. Jean de Garlande, dans son *Dictionnaire*, dit en parlant des drapiers : *Ipsi defraudant emptores malè ulnando pannos cum ulna curta et pollice fallaci* (1). Pour remédier à ces abus les rois nommèrent des regardeurs de métiers, des prud'hommes qui veillaient à l'observation des règlements. L'ordonnance de police de 1350 ordonne que « toutes les marchandises et mestiers seront visitez : En tous les mestiers et toutes les marchandises qui sont et se vendent à Paris aura visiteurs, regardeurs et

(1) *Dictionnaire* de Jean de Garlande, imprimé à la suite de *Paris sous Philippe le Bel*, *Doc. inéd.* cité par Levasseur.

maistres, qui regarderont pour lesdits mestiers et marchandises, ils visiteront, regarderont et rapporteront les défauts qu'ils y trouveront aux commissaires et au prévôt de Paris et aux auditeurs du Châtelet » (1).

Le milieu était donc tout favorable au développement d'une législation restrictive ; après avoir fait surveiller la fabrication et les métiers on régla les prix, les réglementations eurent d'ailleurs dans certains cas une cause immédiate : « A la suite de la peste de 1341, écrit M. Levasseur, les artisans, ouvriers, serviteurs étaient devenus rares ; un renchérissement eut lieu sur les mains-d'œuvre et la marchandise. Jean le Bon publia une longue ordonnance dans laquelle il déterminait le taux de tous les salaires. Le prix du pain, le poids avant et après la cuisson sont fixés. Quiconque n'est que marchand et vend les marchandises qu'il a achetées sans aucune main-d'œuvre ne pourra prendre pour bénéfice que deux sous par livre (2). » De même au XVe siècle la découverte des mines d'Amérique amena sur le marché européen une quantité considérable de métaux précieux ; d'où enchérissement général des denrées et nouvelles tarifications.

§ 2. — Les capitulaires.

Déjà dans les capitulaires nous trouvons des mesures prohibitives en matière d'achat et vente. Elles parais-

(1) V. Fontanon, *Edits et ordonnances des rois de France,* depuis Louis le Gros (Paris, 1611), t. I, p. 852.

(2) V. Levasseur, *loc. cit.*

sent plutôt inspirées du désir de prohiber l'usure. Mais au Moyen Age on considérait tous les achats, toutes les opérations où l'on relevait un gain immodéré comme entachées d'usure ; aussi l'usure et l'excès du gain étaient deux infractions bien rapprochées l'une de l'autre et les défenses qui visaient l'une visaient également l'autre.

Charlemagne prohibe comme usuraire, dès lors comme criminelle, la vente d'un muid de blé ou de vin à un prix plus élevé que celui qui a été payé au temps de la vendange ou de la moisson : *quicumque tempore messis vel vendemiæ, non necessitate sed propter cupiditatem, comparat annonam aut vinum, verbi grâtia de duobus denariis comparat modium unum et servat usquedum venumdari possit contrà denarios quatuor aut sex, seu amplius, hoc turpe lucrum dicimus.*

Dans un autre texte on trouve : *Utrum propter cupiditatem pecuniæ et propter avaritiam suam prius det pretium et futuram coemptionem sibi præparet, ut duplum vel triplum tunc recipiat, sed tantum quando fructus præsens est, illos comparet.* Ces textes semblent condamner aussi bien que l'usure, le gain commercial. Il est vrai que le gain qui s'y trouve supposé a quelque chose de singulièrement exagéré, il est de cent pour cent et plus, mais comme le premier texte contient les mots *verbi gratiâ* on peut supposer que l'interdiction est générale.

Dirons-nous que ces prohibitions sont la conséquence des règles du juste prix ? Il serait téméraire de l'affirmer, nous nous contenterons d'y voir cette défiance à l'égard du gain et des opérations commerciales qui devait si longtemps remplir les esprits au Moyen Age. La pensée de Charlemagne a été de proscrire la cupidité, la recherche de la richesse comme chose coupable pour une conscience chrétienne.

§ 3. — Ordonnances et édits des rois de France. Tarification des prix.

Les rois de France au Moyen Age et à l'époque de la Renaissance rendirent de nombreux édits, dans l'intention de remédier à la hausse des prix et à l'enchérissement des denrées, phénomènes dont ils ne perçurent pas toujours bien les causes ; leur but, ils le dirent souvent, était de rendre la vie moins dure au peuple, ils attribuaient la cherté des vivres aux spéculations, aux accaparements et ils pensaient que des ordonnances résulterait un meilleur état de choses. Ainsi Louis XII dans un édit de 1508 déclare qu'il a été touché des nombreuses plaintes qui lui ont été faites sur l'exploitation des voyageurs par les hôteliers et il ajoute qu'avec cela « tous les marchands, gens méchaniques et autres habitants des villes et lieux du royaume... enchérissent toutes vivres et autres denrées et choses dont les hommes ont besoin et ne se peuvent bonnement passer... à cause de quoy la plupart des maisons et habitans desdites villes, les aucuns hostelliers et autres particuliers se sentent desdites enchères, et vivent en plus grande dépense, peine, pauvreté et travail, dont sont advenus et souventes fois adviennent plusieurs autres inconvénients au grand détriment de la chose publique et plus pourraient par ci-après faire si pourvu n'y estoit, pour quoy soit requis et grand besoin y donner bonne et prompte justice (1) ». François Ier motive ainsi son ordonnance de 1519 : « plusieurs plaintes, doléances et remontrances nous ayant été faites du taux excessif que les hostelliers de notre royaume prennent et exigent indûment sur les passants et repassants, logeans en leurs hostelleries et combien que de présent grâce à Nostre-Seigneur y ait abondance et vivres en notre royaume et y soient à raisonnable prix de marché ; néanmoins iceux hostes ne prennent pas moins pour escot, qu'ils faisaient au temps où il y avait cherté... ains par cupidité et avarice désordonnée au détriment du salut de leur âme, *non gardans loyauté et justice commutative* et contre toute charité et honnêteté mettent prix volontiers excessif et déraisonnable aux dites denrées (2) ».

La même crainte d'exploitation du petit consommateur se révèle dans ces paroles de François II (édit de 1531), il prescrit : « d'acheter le blé aux marchés publics et le revendre de même et premièrement au populaire qui l'achète pour vivre au jour la journée (3) ». Le parlement en 1571 rend un arrêt voulant « remédier aux abus et monopoles qui journellement se commet-

(1) V. Fontanon, *Edits et ordonnances*, t. I, p. 925 et suiv.
(2) V. *Loc. cit.*, p. 928.
(3) V. *eod. loc.*, p. 956.

tent en cette ville de Paris et sur les ports des rivières par les marchands de bois de cette dite ville (1) ».

Nous passerons en revue ces différents édits et arrêts qui ont pour objet de ramener les prix des denrées à leur juste valeur et pour introduire un ordre dans ce travail, nous verrons tout d'abord ceux qui se rapportent aux vivres et au commerce de bouche, puis ceux qui visent les autres commerces et les hôtelleries.

En 1350, Jean le Bon rendit une ordonnance fort longue réglementant tous les métiers, organisant la vente des différentes denrées, déterminant le tarif des différents travaux (2). Nous avons vu qu'à la suite de la peste de 1348, la main-d'œuvre et les marchandises avaient enchéri par suite de la dépopulation du royaume. Le roi crut devoir alors déterminer le taux de tous les salaires. Le prix du pain, le poids avant et après la cuisson sont fixés. Quiconque n'est que marchand et vend les marchandises qu'il a achetées sans aucune main-d'œuvre ne pourra prendre comme bénéfices que deux sous par livre. Le roi n'énonce pas les motifs de son ordonnance, il entre tout de suite dans les détails de la réglementation « des boulengers et musniers de la ville de Paris ». Tout d'abord il institue quatre prud'hommes pour s'assurer de l'exécution des mesures prescrites: « Et visiteront iceux prud'hommes toutes les

(1) V. Fontanon, *Edits et ordonnances*, t. I.
(2) Fontanon, t. I, p. 852.

semaines deux fois le pain et hostels des boulengers de ladite ville et faux bourgs de Paris. Lequel pain,. sel est suffisant selon le poix qu'il doit être par ladite ordonnance, creu et cuit, blanc et bis, d'un denier ou deux deniers, ils le laisseront en iceluy estat ; et s'ils le trouvent de moindre poix qu'il ne doit estre par ladite ordonnance, ils donneront pour pauvres de l'Hôtel-Dieu et l'autre moitié aux pauvres aveugles des Quinze-Vingts ou là où ils verront qu'il sera le mieux employé. » Chaque infraction sur le poids est punie d'une amende de soixante sols. Voici en outre la réglementation.

Dans un premier paragraphe, Jean le Bon règle le poids des pains d'un et deux deniers selon la qualité du blé : « Ce sont les matières des poids de la pâte et du pain cuit, selon les feurs qui s'ensuivent, faite l'estimation selon la ,seconde épreuve qui fut faite le vendredy avant la Pentecoste, l'an 1315 en présence de Nicolas de la Haye, Jean Aimery, Bertrand d'Artrois et Pierre François Tallemelier, establis à voir l'espreuve pour leur mestier. »

L'édit énumère les différentes sortes de blés :

«Bled de quarante sols le septier sur lequel prix ladite espreuve fut faite : la paste du pain de Chailly d'un denier pèse cinq onces et cuit quatre onces cinq estellins ; la paste du pain de deux deniers pèse dix onces et le pain cuit huict onces et demie. »

« Item la paste du pain d'un denier coquillé pèse six onces cinq estellins et cuit cinq onces et demie... »

L'énumération continue ainsi :

« Bled coûste trente-huit sols le septier... »

« Bled coûste trente-six sols... »

Le règlement comprend aussi les marchands de vins :

« Les taverniers ne pourront vendre tout le meilleur vin vermeil creu au royaume, que dix deniers la pinte ; tout le meilleur vin blanc six deniers parisis et non plus et les autres au dessouz et s'ils font le contraire ils perdront le vin et l'amenderont. » Le salaire des déchargeurs est aussi indiqué : « ils n'auront et ne prendront d'un tonnel de vin déchargé et chargé que douze deniers au petit port et de celui qui sera mis en nasselle au grand port que deux sols au plus haut et non plus sans mener ; et au cas où ils ne feraient fors que charger et décharger seulement sans mettre en nasselle ils auront douze deniers.

« Les vendeurs de poissons de mer auront et prendront de chacun panier de poisson qu'ils vendront six deniers parisis...

« Les drapiers en gros et en détail, les épiciers, feutriers, tapiciers, frippiers, cordiers, vendeurs de hanaps et tous autres marchands d'avoir de prix pourront prendre de leurs marchandises et en leurs marchandises deux sols parisis pour livre d'acquest en pays de parisis et tournois en pays de tournois et de la marchandise de tournois et non plus, eu esgard à ce que la marchandise leur couste rendue à Paris tant seulement, sans y mettre ne convertir autres coûts ne frais... »

Après l'ordonnance de Jean le Bon un intervalle de temps assez long s'écoule sans que l'on édicte de nouvelles mesures et de nouveaux tarifs.

En 1508 Louis XII rend une ordonnance pour tarifer le prix des vivres ; il mande : « à tous sénéchaux, baillis, prévôts, viguiers... chacun en sa juridiction appelez avec eux deux gens d'Église et deux gentils hommes de leur destroict et jurisdiction bien renommez et de bonne expérience, aimans leur honneur et conscience et aussi appelez les maires, echevins, consuls, conseillers, officiers et gouverneurs des villes et lieux de leurs lits destroicts en nombre suffisant et autres que bon leur semblera non suspects, feront et ordonneront doresnavant en bonne et saine conscience, dont ils feront serment solennel *un taux et prix raisonnable* chacun en sa province et quartier du pays, de ce que les dits hostelliers devront avoir et prendre pour repue d'homme et de cheval selon la valeur des vivres et autres choses qui croissent, font et peuvent venir d'autre lieu, soit par mer ou par terre ou par eau douce, et aussi selon que les dits vivres et autres choses avoient et y ont accoutumé estre vendus avant l'abus et désordre des susdits ; le tout en si bonne manière que les dits allans et venans et autres qui sont manans et habitans sur les lieux pussent vivre et raisonnablement satisfaire et payer, aussi que les dits hostelliers et autres vendans denrées *puissent gracieusement et raisonnablement gaigner*, sans plus souffrir en notre royaume être exigées suxcessives sommes comme fait a été... lesquels taux et prix voulant être si bien spécifiez par la même que débat en question ne puisse venir, mais soit *déclarée chacune chose suivant sa nature et ce qu'elle pourra valoir*, comme de pain blanc ou brun le prix, poids et grandeur, de vin vendu au détail, tant du creu du pays que d'autre *ayant égard à la voiture* ; le prix et mesure de chair de mouton, de bœuf... semblablement le prix quantité et nombre, *selon l'abondance qui en peut être sur les lieux* ou qui en peut d'autres lieux venir (1)... »

En voyant Louis XII ordonner d'établir des tarifs sur chaque chose : d'après sa nature et ce qu'elle peut valoir... ayant égard à la voiture... selon l'abondance qui en peut être sur les lieux, ne croirait-on pas lire une page des docteurs du Moyen Age traitant de la tarification des prix ? Nous reconnaissons dans ce passage les éléments du prix indiqués par Biel : utilité de l'objet, frais de production, rareté du produit.

Louis XII prescrit aussi de tarifer le prix des vêstements et accoustrements nécessaires aux hommes... les foins, pailles, gerbées, bois, fagots... (etc.). Plus loin il prescrit un taux de vente maximum pour les draps de laine, écarlates, noirs et gris « fors et excepté les bons draps gris de notre bonne ville de Rouen, faits bastis et labourez au pied et à la main, à la lizière et sous le scel de la draperie de notre ville de Rouen... considérant le

(1) Fontanon, t. I, p. 925.

grand art, labeur et cousts de manufacture desdits draps aussi la grande bonté des fines laines de notre pays de Normandie... »

Un arrêt de la Chambre de police de 1539 réglemente la vente du pain (1) : tous les boulangers tenant ouvroüers et fenestres et y vendant pain, doivent faire seulement trois sortes et façons de pains, sauf le pain de commande. « Doit estre et sera le pain à vendre en fenestre, c'est à scavoir le pain blanc dit de Chailly du poids de douze onces : le bourgeois petit du poids de deux livres, et le grand pain bourgeois de quatre livres et le pain bis qu'on appelle pain de brode, du poids de six livres. »

En mai 1567 Charles IX rend une ordonnance sur la police générale du royaume (2) : « Le roy en son conseil deuement averti du désordre et des dérèglements advenus depuis dix ans et augmentant de jour en jour en toutes choses qui dépendent du fait de la police, comme vivres, marchandises, œuvres ouvrages et autres semblables désirant les remettre et réduire en l'ancien estat et façon ». L'ordonnance ainsi motivée porte ensuite que pour retenir l'abondance des grains et obvier à la cherté d'iceux, le roi en interdit l'exportation sans permission ; il enjoint aux magistrats de ville de faire des réserves dans les greniers publics.

Le pain est ainsi tarifé : « Le pain le plus blanc, dit pain de Chailly, pesant douze onces sera vendu un denier

(1) Fontanon, t. I.
(2) Fontanon, t. I, p. 805.

parisis, le septier de blé, de froment valant vingt sols tournois. Le pain bourgeois pesant deux livres sera vendu deux deniers parisis. Le pain de brode (pain noir) pesant six livres, vendu quatre deniers. »

Le prix du vin sera fixé d'après la coutume des lieux deux fois par an.

Le prix du bois reste fixé à son ancien taux : soixante sols tournois la charrette de soixante buches. Les cotterets, fagots, bourrées sont également tarifés. Le mode de transport des foins et bois est déterminé ainsi que le tarif suivant les distances, la longueur des voitures.

La fixation des prix est surtout maintenue pour les volailles et gibiers : le prix du plus gros chapon fut de sept sols, la meilleure poule cinq sols, le gros poulet vingt deniers, le pigeon douze deniers... lesquels prix pourront être diminués suivant les années et saisons selon les occurrences et occasions qui se présenteront.

Henri III en 1577 rend un édit pour remettre en vigueur le précédent et le confirme sur les points principaux. Il ajoute un tarif détaillé pour les soies, velours, draps d'or et d'argent (1).

En 1572, une ordonnance de la police est tenue en la Chancellerie du palais à Paris le huit d'avril par les officiers et personnes deputez de Sa Majesté sur le prix, débit et vente des diverses marchandises ; avec un règlement sur le devoir et salaire de plusieurs sortes d'ou-

(1) V. Fontanon, t. I.

vriers, manouvriers et gens de mestiers, les laboureurs et vignerons.

Cet édit règle encore la vente des foins, tarife les différents échantillons de bois, de charbon. Il prétend obliger les teinturiers, tuiliers, potiers, plâtriers et chaufourniers à se servir du bois flotté, à peine d'amende.

Il fixe en outre les salaires des journaliers, maçons, tailleurs de pierre de la Ville de Paris et du ressort à douze sols tournois, etc...

La même année, par un édit du dix-huit avril, Charles IX ordonne qu'on dressera dans chaque province la statistique des blés, vins, sels, huiles, pastels, safran, résinc, papier, de façon à pouvoir en autoriser ou défendre l'exportation (1).

En janvier 1572, un édit prescrit de nouveau la taxation des objets de première nécessité : huiles, bois, fourrages, étoffes, habillements, par une commission qui se réunira deux fois par semaine, et qui sera composée d'un président et d'un conseiller au Parlement, d'un maître des requêtes, du lieutenant civil ou criminel ou en leur absence du prévôt des marchands ou de l'un des échevins et de quatre notables bourgeois non marchands (2).

En 1583, nouvelles taxations édictées par Henri III

(1) Fontanon, t. I.

(2) V. Isambert, *Recueil des anciennes lois françaises* (Paris, 1833), V. tome XIV.

pour « remédier et faire cesser les excuses de la cherté desdites marchandises de bois (1) ».

Une taxation qui fut d'une pratique courante sous l'ancien régime fut celle des vivres dans les hôtelleries.

François Ier, en 1519, rend un édit portant « que les juges des lieux mettront de trois mois en trois mois taux aux vivres suivant lesquelles hostes feront payer des allans et venans, sans exiger davantage pour ce que l'on appelle la bonne chère ».

En conséquence, François Ier ordonne à tous prévosts, sénéchaux et baillis, châtelains, viguiers et juges, officiers des princes du sang, de former des commissions « avec cinq ou six des plus sçavants et apparents personnages et de bonne conscience de leur juridiction ordinaire qu'ils appelleront à eux, ayant de trois en trois mois à mettre prix raisonnable à toutes vivres comme à pain blanc, bis et noir, vins à la pinte de toute couleur..., chevaux, agneaux, cochons, oyes, oisons... fromage et chandelles au poids et à la demi once, foin, gerbe, œufs, beurres et autres choses requises. Et jureront les dits juges avec ceux qu'ils appelleront avec eux de bien et loyaument suivant leurs consciences, taxer les choses susdites selon le prix que communément se vendent au marché (2). »

Pareilles mesures sont prises en 1531, 1540, 1546, pour réprimer l'exploitation des passants et des voya-

(1) V. Fontanon, *loc. cit.*
(2) Fontanon, t. I, p. 928.

geurs « car encore qu'ils soient advenus quelques occasions tant pour les guerres passées que pour l'infertilité de certaines années de faire renchérir les vivres, toutefois, cela a été fait sans aucune modération ni équité » (Edit de 1546).

Charles IX en 1563 se plaint de la cherté des hôtels pour les marchands trafiquants et gens d'armes qui traversent le royaume.

Henri III, en 1577, publie une ordonnance sur le fait des hôtelleries, cabarets et tavernes ordinaires du royaume..., en raison du trop grand nombre de cabarets et hôtels et de la malhonnêteté des gens qui les tiennent. L'arrêt du parlement qui suivit ordonna la surveillance de ces établissements et l'affichage public du taux des vivres.

Enfin une dernière catégorie de produits souvent comprise dans les tarifications fut celle des bois, coterets, fagots, bourrées. Les ordonnances déjà citées en faisaient mention. Deux autres spécialement rendues par Charles IX témoignent des mêmes craintes d'enchérissement : le roi remarque que d'année en année les bois et forêts du royaume « se dépérissent et gastent par divers moyens et surtout par le dégât qui se fait du gros bois. On le débite en coterets au lieu de le réserver pour les bûches et traverses. Comme il prévoit le renchérissement des coterets, bourrées et fagots, il ordonne que le prévôt des marchands et les échevins déterminent le prix de ces diverses sortes de bois ».

Nous pourrions citer encore un grand nombre d'ordonnances, d'arrêts qui touchent de près notre matière, mais il nous a semblé que ces règlements se rapporteraient plus spécialement aux accaparements et à la surveillance des métiers. Certains même peuvent se ranger dans les mesures d'ordre somptuaire ou purement fiscal.

Le motif invoqué pour ces différentes prescriptions fut toujours l'enchérissement ou même la mauvaise qualité des produits livrés aux consommateurs, mais souvent, créant de nouveaux offices, elles avaient plutôt pour but d'augmenter les ressources de la Couronne.

C'est ainsi qu'en 1571 paraît une ordonnance sur le commerce des foins, en 1573 un arrêt du parlement règle l'arrivage des bois, le débardement, la vente, interdit les accaparements. Il fait défense à tous les regrattiers d'acheter et faire amas de plus de deux cents costerets, deux cents de fagots et deux cents de bourrées qu'ils ne pourront revendre en détail, qu'au parisis le tournoi ce qu'aura vendu la dite denrée au prix commun de Paris sous peine de confiscation et du fouët, laquelle confiscation sera applicable comme dessous (1).

Les ordonnances sur l'inspection des métiers furent fort nombreuses : Henri II en 1554 rend un édit portant règlement des manufactures de draps d'or et d'argent, et de soie de Lyon. Charles IX en 1572 fait apposer sur

(1) Fontanon, t. I.

les pièces de drap le sceau royal moyennant une perception fiscale. En 1582 et 1586 Henri III crée des charges de contrôleurs sur le fait dans la draperie et de courtiers de chevaux (1).

Enfin le pouvoir royal veut de même réprimer le luxe, les dépenses excessives qui causent la misère du peuple. C'est cette dernière idée qui inspire les édits de 1485, 1543, 1547, 1560, 1563, 1566, 1573, 1583 ; dans ce dernier Henri III remarque qu'on ne reconnaît plus aisément les personnes de différentes qualités tellement elles sont bien habillées.

Notons également en 1557 et 1559 deux ordonnances ayant pour but d'empêcher les exportations

Nous n'avons mentionné ces derniers édits que pour faire ressortir l'abus que les rois firent peu à peu de la réglementation. Ainsi que nous le disions en terminant notre chapitre III, les tarifs ont pu au début avoir une heureuse influence tant qu'ils ont eu pour fin de remédier au défaut de concurrence, mais l'autorité royale vint à en abuser. Elle se trompa lorsqu'au moyen de ses édits elle voulut annihiler l'effet des lois économiques ; lorsqu'elle voulut par exemple contrebalancer les résultats désastreux des mutations monétaires en forçant les particuliers à accepter la monnaie pour une valeur qu'elle ne possédait plus. Elle se trompa aussi lorsqu'elle

(1) Fontanon, *loc. cit.*

voulut empêcher à coups de tarifs la hausse naturelle qui résulta de l'afflux en Europe des métaux précieux provenant d'Amérique. Dès lors ce ne fut plus l'idée du juste prix qui inspira l'autorité royale, mais le désir de réparer ses erreurs de gouvernement, ou la témérité de s'insurger contre les phénomènes économiques, erreurs et phénomènes d'ailleurs incompris.

TABLE DES MATIÈRES